这里是北京

THIS IS BEIJING

李欣 主编

華藝出版社
HUA YI PUBLISHING HOUSE

《这里是北京》丛书
编 委 会

总 监 制: 刘爱勤 张 晓 华艺

监　 制: 赵福明 黄 瑨 郝 洪

主　 编: 李 欣

执行主编: 张 妍

主 持 人: 卢文龙

编　 委: 闫 焓 姜 祺 谢 侃 张 宁
　　　　　 王之名 王 娟 李 涵

北京电视台公共频道节目中心制作

特别鸣谢:北京市文物局

序

后奥运时代如约而至，北京，正在向品牌化城市目标迈进。在"十一五"规划对北京的城市定位中，"文化名城"四个字，代表着这座城市所蕴含的品牌文化特性。作为北京对外的主要宣传窗口之一，北京卫视"文化品位，大家风范"的频道定位，与北京打造"文化名城"的城市定位，相辅相成，目标一致。

自2009年始，北京卫视大幅度增加了文化类节目的比重，如何向全国乃至世界展示北京的文化特性，并将其深入浅出地予以诠释，是北京卫视迎来的新的挑战和目标。

这是一个个性化的年代，电视机前的观众也在用手中的遥控器，行使着自己个性化选择的权利。而《这里是北京》栏目，作为北京卫视晚间文化档的七档精品栏目之一，在与兄弟栏目朝着同一个方向共同迈进的时候，也在寻求自我发展途径，追求个性发展，独树一帜。在经过多年的尝试与探索之后，他们总结出了一种"于幽默中蕴含智慧，于调侃中传递观点，于主题策划之中彰显文化品位，于关注视角之中展现大家风范"的节目特色，一贯追求"为百姓做电视，内容大于形式"的制作理念。

从收视率和社会反响来看，《这里是北京》的一系列创新成果是为大众所接受且喜爱的。甚至其独特的操作模式与表现形式，也成为电视业内的一个有待研究的课题。

北京"十一五"规划为北京制定的六大发展方向中提到"重点发展六大文化创意产业（文化演出、出版发行和版权贸易、影视节目制作和交易、动漫和网络游戏研发制作、文化会展以及古玩艺术品交易等六大产业）。抓住奥运契机，打造世界一流旅游城市和国际会展之都。"《这里是北京》丛书的相继出版，是影视节目制作在文化创意产业方面的初步尝试。节目中对北京地理所蕴含的文化内涵、历史积淀予以深入浅出的解析，为打造世界一流旅游城市作出了努力。

一直以来，文化类节目的创新，令人望而却步，大众审美与精英文化之间的矛盾，始终无法调和，但《这里是北京》对此发起了大胆的挑战。通俗的语言、幽默的调侃、个性的主持人包装，用戏剧化的结构讲述故事、用人性化的视角回顾历史，这些创新点独立出来，都曾被运用到各类节目当中，但诸多特点集结在一起，并且被运用在一贯严肃的文化专题类节目当中，实属少见。

作为首都电视台，北京卫视为文化类节目提供了肥沃的生长土壤，鼓励一切个性化创新，因此才会诞生像《这里是北京》这样的个性化节目，以及其它诸多品牌文化节目。

内涵是文化品位的基础，包容是大家风范的精髓。北京卫视正是"以包容之心鼓励一切有内涵节目的创新与发展"，来兑现频道的定位，追求收视率的攀升，实现对广大电视观众的长远承诺。相信在以后的日子里，观众可以在北京卫视看到更多个性化的节目，它们各有各的特点，各有各的气质，仔细品味，却能品出同一种味道——北京乃至中国文化的陈年醇香。

北京电视台台长

|目录|
CONTENTS

|目录|
CONTENTS

|目录|
CONTENTS

|目录|
CONTENTS

北京记忆

博物馆宝典

北京发现

重访北京城

孝庄在京遗迹

今天咱们就走近这位博尔济吉特氏的满洲女子，

讲讲北京城与她之间不得不说的故事。

云居寺石经博物馆

在北京西南房山区境内的白带山下，

距市中心70公里的地方，有一座占地面积7万多平方米的寺院，

这就是我们今天要去参观的云居寺石经博物馆。

开国大玺

今天咱们就来讲述一段

中华人民共和国开国大玺身后的传奇故事。

孝庄在京遗迹

今天咱们就走近这位博尔济吉特氏的满洲女子，讲讲北京城与她之间不得不说的故事。

紫禁城向来是男人的舞台，偶尔闯上来个旦角儿，自然引人注目，况且这一位不让须眉的巾帼豪杰，辅佐了三代帝王，坐稳了大清江山。她是皇太极的贤内助，她是康熙帝的主心骨，她还是洪承畴的梦中情人，多尔衮的红颜知己。今天咱们就走近这位博尔济吉特氏的满洲女子，讲讲北京城与她之间不得不说的故事。

● 博尔济吉特氏布木布泰在京档案

昵　　称：大玉儿

享　　年：75岁

职　　位：先后担任永福宫庄妃、皇太后、太皇太后等要职。

职　　务：家庭主妇、三位皇帝的私人秘书兼顾问。

婚姻状况：13岁嫁给姑父皇太极，后来又与姐姐海兰珠共侍一夫。相传大玉儿跟皇太极并无爱情可言，而海兰珠却后来居上，成了皇太极的一生挚爱。

主要家庭成员：姑姑孝端文皇后（就是皇太极的大老婆），老公是皇太极，儿子是顺治帝福临，孙子是康熙爷玄烨。

绯闻男友：多尔衮

身系谜案：顺治出家，太后下嫁。

一生最大困惑：我到底爱谁呢？

进京之路：通州行宫 永定门

北京城有条中轴线，南起永定门，北到钟鼓楼，全长七八公里。2004年秋天，中轴线最南端的永定门，在拆除了半个多世纪之后，重建后再现京城。今儿个孝庄皇太后跟北京城的故事，就要从这座北京的南大门说起。

永定门老照片

话说当年清军入关，多尔衮打了前站，做好了一切接待准备工作。1644年9月，孝庄和顺治娘俩一行人等先到了通州行宫，而后经永定门浩浩荡荡地进了北京城。

按现在人的思维，从通州进城，走建国门最近，但咱京城建筑格局自古讲究坐北朝南，南门即正门，也就是眼前这座听名字就透着这么吉利的永定门。话说当年孝庄娘俩步履稳健地进了紫禁城，自此大明的天下成了大清的天下，北京的故事和命运，从此与爱新觉罗家族紧密相连。

多尔衮

魂牵梦绕：普度寺(东城区南池子大街)

东城区南池子大街里边，有座普度寺，孝庄的小叔子多尔衮当年就住在这儿。多尔衮贵为摄政王，当年可谓是风光无限。皇帝有的他都有，皇帝没有的，他也有。人家早在几百年前就享受到了家庭办公的便利，普度寺那时候

普度寺

也成为了京城少有的商住两用的高档别墅。

多尔衮眼里压根儿就没有顺治皇帝，至于孝庄，恐怕他也只是装在心里并不表露而已。文武百官们素来有审时度势的天分，说通俗点其实就是看人下菜碟儿。多尔衮春风得意的时候，普度寺门前整日里车水马龙，打报告送文件的，托关系走后门的，络绎不绝，而紫禁城里的孝庄娘俩，早已被冷落在了高墙之内，成了摆设。

孝庄看在眼里，急在心头，对多尔衮却又急不得恼不得，还得时不时来点美人计安抚小叔子那颗多情而又脆弱的心灵，实在不易。而普度寺，不得已成为了孝庄最牵挂的地方，令她念念不忘的，恐怕不仅仅是人们捕风捉影的儿女私情，在她心里，最重要的当数大清的江山、儿子的皇位了。

普度寺地理位置图

普度寺当年作为京城政治中心，人称皇城东苑，又叫小南城，论身份，可与紫禁城里的乾清宫、养心殿比贵。现代人比古人更会享受，如今修葺一新的普度寺周围，建起了数十座崭新的四合院儿，把普度寺围拢在中间，自然形成了一个闹中取静的高档社区。据说这些四合院儿身价不菲，一般人还真住不起，看来要跟摄政王作街坊，还真不是件容易的事儿。

普度寺周围的建筑

休闲场所：北海阐福寺 五龙亭

史书记载，北海公园的阐福寺，是孝庄顺治娘儿俩避暑的地方，孝庄还经常到五龙亭去乘凉看景儿。不难想象，当年这母慈子孝的一家人在此避暑度假，场景是何等的温情惬意。

北海地理位置图

但另有相传，说孝庄顺治这一对母子关系非常紧张，原因有二，首先是当妈的给儿子娶了个不招人待见的媳妇，也就是孝庄太后的那位专横跋扈的侄女儿，顺治福临一直耿耿于怀，后借机会废了皇后，跟老妈唱了回对台戏。其二就是关于孝庄跟多尔衮绯闻盛传，大伙儿平日里都是抬头不见低头见的，福临肯定也早有耳闻，家丑外扬，损了皇帝家的颜面，用咱老百姓的话来说，

阐福寺

福临嫌孝庄这个当妈的给他丢人了。

　　其实说来，孝庄这个太后当的还真不易，大清朝正值哺乳期，皇帝儿子正好是青春期，小叔子多尔衮当上了摄政王，可谓恰逢转型期，幸亏老公皇太极没来得及赶上她进入更年期就驾鹤西游了，否则恐怕咱这位女中豪杰也得有招架不住的时候。

五龙亭

登门拜访：索尼府(西城区德胜门内大街兴华胡同)

　　西城区德内大街有条兴华胡同，原来叫兴化寺街。康熙朝四大辅臣之首索尼的府邸，就坐落在这条胡同里。

兴华胡同

兴华胡同地理位置图

　　康熙初年，政局动荡，四大辅臣之间也产生了派系之争，首辅索尼老谋深算，以退为进，抱病在家，清廷被鳌拜党羽一手掌控。小皇帝年幼无知，看不出什么门道，只知道干着急，使不上劲儿。但孝庄

鳌拜

可是开国元老，先后辅佐三代君王，具有相当丰富的工作经验。在一番沉着的审时度势之后，她把赌注投向了西城区德胜门内的兴化寺街，大清的命运此时也都赌在了首辅索尼的身上。之后孝庄太后亲临索府，登门求亲，索尼受宠若惊，感激涕零，立马表明立场，与鳌拜势不两立。就这样，赫舍里家与爱新觉罗家成了儿女亲家的同时，也结成了一个坚不可摧的政治堡垒。

智擒鳌拜：武英殿

　　说起康熙爷，绝对属于男人里的精英，就算在皇帝堆儿里，也是个数一数二的佼佼者。咱常说成功男人的背后一定有一个支持他的女人，康熙爷也不例外，只不过他背后这个女人不是皇后，而是他的皇祖

母——孝庄皇太后。

　　话说当年在武英殿，康熙跟他的几个
小兄弟智擒了鳌拜，这事儿今人至今津津乐
道。殊不知整个事件的幕后策划，就是咱们
的孝庄皇太后。

　　一日在孝庄的指点下，玄烨以下棋为名
召见了他老婆的叔父——索额图，老中青三
代人连夜拟定了擒鳌拜的整体方案，才有了
武英殿里初生牛犊不怕虎的那一幕。

康熙

8

武英殿

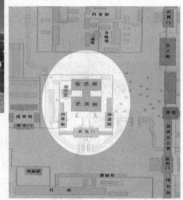

武英殿地理位置图

皇孙康熙冒雨祈福：妙应寺(阜成门内大街北侧)

　　西城区阜成门内大街北侧，有座妙应寺，因为寺内有座白色藏式
喇嘛塔闻名京城，所以妙应寺又被老百姓俗称为白塔寺。康熙爷曾经对
白塔寺进行了大规模的修缮，还曾经冒雨拜祭，至于事情的原委，还得
从孝庄说起。

　　1684年，孝庄七十多岁之后．身体开始明显走下坡路，一日孝庄
突然中风，在京郊养病的玄烨得知之后，连夜快马奔回祖母床前，日

妙应寺(白塔寺)地理位置图

夜侍奉。传统医学的效果外加看护得当，老太太的身体逐步恢复，大病初愈之后，便命玄烨修葺庙宇，以感上苍庇佑，还派玄烨于康熙二十四年九月十八之吉日，前往白塔寺祭奠。这天玄烨刚要出门，外面狂风大作，下起了瓢泼大雨，但玄烨向来把皇祖母的话当成圣旨，只要老太太高兴，上刀山下火海这当孙子的都无所谓，于是这白塔寺有幸雨中接受了康熙大帝的顶礼膜拜，可谓荣幸之至。

寺中白塔

回天无术：天坛

天坛是皇帝祭天的地方，也曾经沐浴皇恩，风光无限，但这里却成为了康熙爷永远的伤心地，只因为孝庄弥留之际，康熙曾跪拜在这里，叫天天不应，叫地地不灵。康熙皇帝祈求上苍以他本人的阳寿为代价，换取皇祖母生命的延续，但玄烨的虔诚并没有感动上苍。这次不同寻常的天坛之行，未能取得他期望的效果，孝庄依然于康熙二十六年十二月二十五日带着对子孙、对大清的满心牵挂，与世长辞，享年75岁。玄烨相当绝望，从此放弃亲自到天坛求雨的做法。

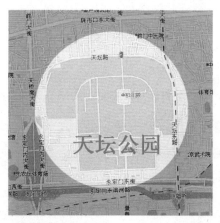

天坛地理位置图

天坛

纵观孝庄一生，辅佐三代帝王，目睹两朝兴衰，男人与女人的精华，凝聚在了她一个人身上，而她又毫无保留地把这一切献给了大清朝，献给了爱新觉罗家族，献给了她生命中的每一个男人。

孝庄死后，并没有回到沈阳安葬在丈夫皇太极身边，她把自己的安身之地选择在了清东陵风水墙外。有人说因为她下嫁给多尔衮，无颜回到丈夫身边，也有人说她与儿孙合葬，乃是生前遗愿。不论原因为何，于逝者而言，终归不过是一抔黄土遮面，七尺棺木安身而已，此处与彼处的意义，恐怕只有活着的人还在乎罢了。

北京卫视
播出时间：每周二 21:35
BTV公共频道
播出时间：每周日 11:35

云居寺石经博物馆

在北京西南房山区境内的白带山下，距市中心70公里的地方，有一座占地面积7万多平方米的寺院，这就是我们今天要去参观的云居寺石经博物馆。

在北京西南房山区境内的白带山下，距市中心70公里的地方，有一座占地面积7万多平方米的寺院，这就是我们今天要去参观的云居寺石经博物馆。

云居寺始建于隋末唐初，经过历代修葺，形成五大院落六进殿宇的格局，两侧有配殿和帝王行宫、僧房，并有南北两塔相对，寺院依山而建，规模非常宏大。

云居寺地理位置图

云居寺

镇馆之宝：房山石经

石经地宫

来云居寺后您一定得到南麓地宫里看看，因为这里收藏着云居寺的镇馆之宝，也就是云居寺的三绝之一——房山石经。石经始刻于公元605年，僧人静琬等人为维护正法刻经于石，刻经事业历经隋、唐、辽、金、元、明六个朝代，绵延1039年，雕刻佛经1122部3572卷14278块。像这样大规模的刊刻，且历时这样长久的极为罕见，的确是世界文化史上的壮举，这些石经是世上稀有而珍贵的文化遗产。

为了更好地保护这批珍贵的佛教文化遗产，云居寺于1999年进行了石经回藏及二期修复工程。

石经

孪生兄弟：南藏经塔 北罗汉塔

看完石经以后您就可以去看离地宫不远的南塔。这座塔于抗日战争时期被炸毁，现在只剩下了一个大坑。当年炸毁的南塔中显出一块石碑，记载了关于房山石经藏于地宫的内容，人们因此才发现了云居寺三绝之一的房山石经，如此说来也算是因祸得福了。

您先别因为南塔的消失而遗憾，与南塔遥遥相对的就是它的孪生

南塔旧照

如今的大坑

兄弟北塔，也就是罗汉塔，它是云居寺标志性建筑。塔高30.46米，塔脖子为砖瓦结构，也称舍利塔。北塔造型非常独特，根据塔的外形上、中、下三部分的形状，有三个字可以形容它，这就是"钟"、"鼓"、"楼"。上部是九层塔脖子似钟，中部塔身似鼓，下部为楼阁式，所以称它为"钟"、"鼓"、"楼"。

罗汉塔

劫后余生：《龙藏木板经》

《龙藏木板经》是由清代皇室下令刊刻出版的一部佛教典籍丛书。《龙藏》经始刻于清雍正十一年，到乾隆三年全部竣工。木板经重量达到400吨，是我国木板经书重量之最。木板经都是选用上好的梨木雕刻而成，

《龙藏木板经》局部

刻工精细，字体工整俊秀，佛像和版面巧妙结合，既生动又美观。

更有意思的是，您来云居寺可以亲手操作石经木板印刷，而且印刷出来的石经，您还可以带回家。印刷用的经板会定期更换，所以您来云居寺会赶上哪部分经板的内容，也是随缘了。

汉藏互译：云居寺纸经

云居寺是佛教经籍荟萃之地，石经、纸经、木板经号称云居寺三绝。云居寺现存纸本佛经22000余卷，在纸经馆中展出的只是其中有

横排版文字

纸本佛经

代表性的经卷。纸经绝大部分是明代刻印本和手抄本。在古代，我国文字书写方式一般是竖排版，但是在这里我们可以看到明朝就已经产生了横排版文字，而且一行藏文一行汉文的互译方式，令我们很容易联想到今天的英汉互译出版物。经专家考证，它是目前发现的中国第一件横版汉文经书，也是迄今为止发现的中国第一件藏汉文合印经书。

特别看点：明代舌血经书

除了这些经书之外，云居寺内还有7卷明代舌血经书，这就是著名的

14

血经局部

血经。血经是僧侣为表现对佛祖的虔诚而发愿刺血为墨，书写而成的经书。每天清晨净手燃香后，僧侣们刺破舌尖滴血入杯，再以毛笔蘸血书写。这里的血经是《大方广佛华严经》，共80卷，约60万字，按此方法书写，大概历时很久才能完成宏愿。

寺以经贵：毗卢殿

云居寺的第二进大殿是云居寺占地面积最大的殿宇，也是寺院的主殿。殿中供奉的是毗卢遮那佛和文殊菩萨。

佛经上说，佛有三身，一是法身佛，名为毗卢遮那佛，象征光明理智；二是报身佛，名为卢舍那佛，象征智慧广大；三是应身佛，名为释迦牟尼佛，象征能忍寂寞。

在毗卢遮那佛面前供奉的是文殊菩萨，这是专门掌管智慧的菩萨。文殊菩萨于1999年供奉在毗卢殿内，是为了让石经回藏地宫时保护佛教经文的。

云居寺石经博物馆是一片集经书之大成的世外桃源，来到这儿您既能了解佛经文化，还能在这片清静之地修身养性，可谓是一举两得了。

毗卢殿

毗卢遮那佛

开国大玺

今天咱们就来讲述一段中华人民共和国开国大玺身后的传奇故事。

话说咱们伟大的祖国中华人民共和国，自1949年一成立，这国旗、国徽、国歌都随之诞生了。但我要问问您，除此之外还有一样东西，也是因中华人民共和国而生，而且还和前面的老几位同龄，你就不一定知道是什么了吧。我也是刚刚听说，咱们国家还有一枚国印。用咱老祖宗的话讲，这叫国玺。今天咱们就来讲述一段中华人民共和国开国大玺身后的传奇故事。

16

张国维

跟随张国维先生，我们来到了他在北京近郊的一个工作室。闲聊的时候，张先生最常提到的就是祖父张樾丞。我们这才知道张樾丞是张家的灵魂人物，而我们今天要讲述的国玺背后的故事，也要从张老先生说起。

张樾丞老先生从小就生活在琉璃厂，可以说人家是在文化圈里长大的。张老先生曾经创办过名扬南北的同古堂墨盒店。俗话说英雄出少年，张老先生早在清末就已经是一代篆刻名家了。老爷子平生制印十万余枚，像鲁迅、齐白石这样的名人大腕儿都曾经在他这求过印，但是最让老爷子引以为荣的还要数这枚由他亲手刻制的国玺——中华人民共和国中央人民政府之印。

这方印是1949年6、7月间，应陈叔通和齐燕铭先生所托，从设计到制作，大概有一个月的时间。这方印的质地是一方铜，一直用到50年代中后期。后来这方印被中国国家博物馆收藏，属于国家一级文物。

据说为了刻制这枚国印，当时的国家领导人邀请了京城多名制印名家会聚一堂，设计样稿可谓百家争鸣。张樾丞之所以能够从中显露头角，靠的就是俩字——手艺。说白了就是当时只有张樾丞先生精通刻制铜印。

● 采访张国维

铜印的质地是金属，石章的质地是石头。他们从刻制的刀法和章法都不一样。刻这个铜章，其实是钳工一刀一刀篆出来的，而刻制石章是一刀一刀刻出来的。会刻铜的一定会刻石头，可会刻石头的不一定会刻铜。

国玺

这枚国玺3.5寸见方，自左而右工工整整地刻着15个宋体大字。据说这是毛主席确定的字体，目的是区别于传统的国玺，让各级人民群众都能够辨认。后来中国的各级公章都采用宋体字。宋体字名正言顺地也就成了中国政府的正规字体。

俗话说虎父无犬子，国维先生出生晚，所以未曾与祖父见过面，但篆刻技艺却一脉相承。14岁开始操刀篆刻，勤耕于印海，在这方田之中，他逐渐形成了精方古朴、严谨有序、刚柔相济的制印风格。

在国维先生篆刻的万余枚印章中，有一枚印章曾经让他特别激

琉璃厂

动，就是国际奥委会主席的罗格之印。当这枚印章送到罗格手中后，罗格欣喜地说："这是我收到的最高兴的礼物。"北京2008年奥组委成立时，罗格的贺信就是用这枚印章落的款。

罗格之印

北京卫视
播 出 时 间：每周二　21：35
BTV公共频道
播 出 时 间：每周日　11：35

崇庆皇后在京遗迹

今天，咱们就走近这位孝圣宪皇后钮钴禄氏，

去看看这位雍正爷的贤内助、乾隆爷的亲生母亲，

到底有着啥样的脾气秉性。

历代帝王庙

从北京的西四十字路口往西走，

路北侧有一个朱红围墙的大院落，

这就是全国现存唯一一处保存完整的

祭祀历代帝王的皇家坛庙——历代帝王庙。

西周班簋

今天我们栏目的老朋友、首都博物馆的王武钰副馆长

带我们去看一件身世非常坎坷的青铜器。

崇庆皇后在京遗迹

今天，咱们就走近这位孝圣宪皇后钮钴禄氏，去看看这位雍正爷的贤内助、乾隆爷的亲生母亲，到底有着啥样的脾气秉性。

她是一位贤妻良母，她是一位名人家属，她永远与儿子同时出现，永远躲在丈夫背后，很少有人能记得住她的名号称谓，就连史册上对她的记载，也仅仅是个姓氏而已。今天，咱们就走近这位孝圣宪皇后钮钴禄氏，去看看这位雍正爷的贤内助、乾隆爷的亲生母亲，到底有着啥样的脾气秉性。

● 钮钴禄氏在京档案

姓　　氏：钮钴禄氏

出生日期：1692年11月25日

享　　年：86岁

职　　业：皇后、皇太后

谥　　号：崇庆慈宣康惠敦和裕寿纯禧恭懿安
祺宁豫孝圣宪皇后

主要家庭成员：公公康熙、丈夫雍正、儿子乾隆。

终生最大成就：生了儿子弘历，也就是咱们
的乾隆爷。

性格特征：仁厚、豁达、想得开。

走后门参加选美：地安门

说起北京的城门，大多数人都会脱口而出"内九外七皇城四"。

地安门老照片

这皇城的四座门，就是我们所熟悉的天安门、地安门、东安门和西安门。天安地安相对，取天地平安、风调雨顺的吉祥寓意。

按照中国传统习惯，皇城的南门儿，也就是天安门，被认为是正门，那么地安门自然就是后门了，而乾隆的母亲参加选美走的后门儿，指的就是地安门。

地安门地理位置图

地安门城楼早在1950年代就被拆除了，只剩下一个地名。借着什刹海的光，如今的地安门一带也成了人们眼中老北京风物的代表，烟袋斜街、后门桥、火德真君庙，更是给这儿平添了几分人气儿。

遥想当年，尚是花季少女的乾隆他妈钮钴禄氏，穿着旗袍，

秀女初试老照片

走着猫步，暮色之下，弱柳扶风般地穿过地安门，聚集到神武门外，等待参加初试，画面是何等的养眼，恐怕只有带队的太监们才有眼福欣赏了。至于秀女为何夜间走地安门进城，我们猜测八成是碍于皇帝老婆候选人的特殊身份，怕白天进城引起围观甚至骚乱吧。

歪打正着：雍和宫

雍和宫地理位置图

乾隆他老妈被分配到雍和宫，是选美失败的结果，条件好出身好的都被留在宫里伺候皇帝，次之分给王爷贝勒做老婆，而乾隆母亲，当初只是作为侍女进了雍和宫，那时候这儿叫四爷府，是雍正皇帝还是阿哥时所住的地方。

早年间顺治爷立下规矩，八旗13岁到16岁的少女，都得参加三年一次的秀女大选，被淘汰下来的才能自己找婆家，也就是说，皇帝、王爷、贝勒们挑剩下的女人才能让别人挑。至于这些连宫女都当不了的女孩们，究竟质量如何，也就可想而知了。

钮钴禄氏13岁进了四爷府，六七年都没受过重视，而且她天生淳朴，从不争宠，又因为出身相对低微，所以一向谨慎为人。但在她19岁那年，雍亲王得了重病，钮钴禄氏自始至终细致入微地伺候这位四爷，二人终于正式恋爱，并于次年瓜熟蒂落，这个爱情果实就是咱们的乾隆爷——

雍和宫

爱新觉罗弘历。

母子分离：圆明园

圆明园

京西的圆明园，是帝王家的别墅，随处都可以找出些典故传说来。但鲜为人知的是，乾隆皇帝当初就是从这里迈出了走向皇位的第一步，而他老妈钮钴禄氏，也是在这里第一次印在了公公康熙爷的脑海里。

乾隆12岁那年，早已是个灵气逼人的翩翩少年，跟着老爸雍亲王在圆明园第一次见到了爷爷康熙。这一对隔辈儿人一见如故，康熙爷子孙繁多，却唯独钟爱弘历，不得不承认乾隆爷打小就魅力非凡，搁现在，绝对有成为童星的潜力。

圆明园地理位置图

统治清朝130多年的祖孙三代帝王，此时可谓其乐融融。康熙爷一高兴，决定把孙子带回宫里留在身边抚养，同时对弘历他老妈，也就是咱们的主角儿钮钴禄氏赞不绝口，说她能生出这么个儿子，是个有福之人。

苦尽甘来：紫禁城慈宁宫

　　儿子乾隆25岁登基，可谓年轻有为，钮钴禄氏也算是熬到了头，苦尽甘来了。沾儿子的光，钮钴禄氏由熹贵妃升为皇后，继而晋为太后，住在紫禁城慈宁宫里。虽然由于清宫交换孩子抚养的制度，乾隆十几年都不在老妈身边，但母子感情在人情淡薄的帝王家，堪称典范。

慈宁宫

　　乾隆他妈出身低微，因此当年的弘历在众皇子中有点自卑心理，若不是康熙爷的偏爱，恐怕雍正也不会太重视这个儿子。

　　儿子争气，钮钴禄氏最终母仪天下，但她也没能忘本，依然保持着劳动人民的朴实本色，勤俭持家。

　　乾隆爷虽然工作忙，但天天都要到

慈宁宫地理位置图

慈宁宫陪老妈聊会天儿，人家娶了媳妇也没忘了娘。老太后是个爽快人，没那么多事儿，所以跟儿媳妇们处的也挺好，从来不给乾隆爷夹板气受，这一点实在值得全中国的已婚男性羡慕了。

承欢膝下：颐和园万寿山 排云殿

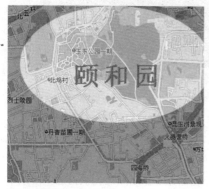

颐和园地理位置图

北京西北郊的颐和园，在乾隆年间叫清漪园，主要由万寿山和昆明湖组成。其实万寿山最早并不叫万寿山，乾隆爷为了给老妈庆祝生日图吉利，才将其改名为万寿山，并且在颐和园里为老妈建了座大报恩延寿寺，也就是今天的排云殿。

老太太好热闹，乾隆爷绞尽脑汁、竭尽全力地营造喜庆气氛，举办大型歌舞晚会，还有大型团体舞灯表演。但对于老人家而言，这些形式主义的过场，都没有儿孙绕膝、家和万事兴来得重要。难能可贵的是，乾隆爷身为国君，还不忘换位思考，在老妈生日之际让子孙们齐聚一堂，老太后得以承欢膝下。

颐和园

排云殿

　　据说太后80岁生日那年，已经60多岁的乾隆爷还身披彩衣为老妈献舞，其他儿子闺女、姑爷媳妇，也都无不登场献艺，哄得老太后乐不可支。

　　乾隆爷的孝心可谓是感天动地，往年十一月的北京正是寒风凛冽、雨雪交加的季节，唯独太后生日当天，一片阳光明媚，万里晴空。

寿比南山：北海极乐世界

　　太后信佛，北海西岸有组建筑，人称小西天，主殿叫做极乐世界殿，殿内模仿西方极乐世界建了一座须弥山，这就是乾隆在他老妈80岁生日那年建造的，意在为母亲祈求长寿。

　　钮钴禄氏出身贫寒，却也因此练就了一副健康的身子骨，老太太经常跟着儿子天南海北地游

北海极乐世界

山玩水，曾经三游五台、三幸泰山，更重要的是老人家心宽，整天乐呵呵的，没啥烦心事，要知道这帝王之家的女眷们能如此心理健康实在难得。

钮钴禄氏身体素质好，乾隆爷也没少受益，首先是省心，而立之年，正是事业繁忙的时候，老妈的身体没让他操多少心，不仅如此，乾隆爷的长寿也多少继承了老妈的健康基因。

尽管如此，人终有一死，钮钴禄氏86岁与世长辞，那年乾隆也已经66岁高龄了。而北海的这座极乐世界，虽未能求来母亲的长命百岁，却将乾隆爷的一片孝心永载史册。

建寺纪念：海淀区畅春园 恩慕寺

京西有座畅春园，是康熙爷当年为了避喧听政而建造的，其实就是躲清静的办公场所。如今畅春园的遗迹已经荡然无存，只有恩佑寺和恩慕寺两座山门是当年园子里的物件

畅春园地理位置图

儿。恩佑寺为雍正皇帝敕建，原来寺里供奉着康熙爷的像，而恩慕寺是乾隆皇帝为了纪念他的母亲钮钴禄氏所修建的。这座寺院之所以取名恩慕，是因为当年康熙爷为皇祖母孝庄祈求长寿，在南苑建了座永慕寺，康熙去世之后，雍正帝为了尽孝心，又在畅春园建了座恩佑寺纪念老爸。而这座恩慕寺，正取"恩佑"、"永慕"二者之意，可谓集三代帝王孝心之大成。儿子如此有心，作为母亲的崇庆皇太后钮钴禄氏，虽没能寿比南山，但福如东海绝对是当之无愧了。

纵观太后的一生，出身微寒，却从不急功近利，备受冷落，却从不争风吃醋，为人妻，相夫教子，勤俭持家，可谓样样出色，为人母，

恩慕寺遗址

尽管皇帝儿子百依百顺，却从不干预朝政，更是深明大义。至于乾隆爷，忠孝两全，古今难得。一家人母慈子孝，想来若是雍正爷地下有知，也会惋惜自己早走了几年，无福消受这天伦之乐了。

北京卫视
播 出 时 间：每周二　21：35
BTV公共频道
播 出 时 间：每周日　11：35

历代帝王庙

从北京的西四十字路口往西走，路北侧有一个朱红围墙的大院落，这就是明清两代祭祀历代帝王及功臣的坛庙，也是全国现存唯一一处保存完整的祭祀历代帝王的皇家坛庙——历代帝王庙。

历代帝王庙

近四百年的香火延续：188位皇帝牌位大集合

祭祀先人是中华民族的传统，更何况是被称为天子的皇帝，那更得好好的供奉。因此从一千四百多年前的隋朝开始，我们的祖先就开创了为历代帝王修建庙宇的先例。到了明朝，国家初定，明朝的皇帝就琢磨着要在京城建一座祭奠先皇的庙宇，一来可以显示自己是帝王血脉的正统真传，二来也是希望从老祖宗那里得到一点保佑。

清朝入关后，依然继承着明朝的宫廷礼仪。对于祭奠先皇，是一点也不敢马虎。雍正皇帝即位后再次修葺帝王庙，乾隆皇帝也继续修缮。这个皇家庙宇越修越豪华，祭祀典礼越搞越隆重。入祭的人物越来越多，到最后一共有188位皇帝的牌位供奉到了这里。

这些皇帝不管是子承父业还是改朝换代，甚至是在战场上相互为敌，刀兵相见，到了这里大家可就相安无事、和平共处，心安理得地一同享受起后人的叩拜了。

正统皇权的展示：崇祀三皇五帝

历代帝王庙的主殿叫景德崇圣大殿，皇帝的牌位全都供奉在这里。咱先别着急进去，首先看看正殿东西两侧的这两座御制碑亭吧。

亭子里面是北京老百姓常说的"王八驮石碑"。您可别小看了两个石碑，上面的诗文一个是雍正皇帝写的，一个是乾隆皇帝写的。咱先不说这诗写的怎么样，反正就是一个劲儿地替皇上们歌功颂德呗。在正殿里面

石碑

供奉着的是中国历史上的三皇五帝，这三皇，就是太昊伏羲、炎帝神

景德崇圣殿

农和黄帝轩辕，而五帝是少
昊、颛顼、帝喾、尧、舜。
这三皇五帝可算得上是咱们
的老祖宗了。

祭祀先帝

有意思的是后来做了皇
帝的，无论是汉族还是少数
民族的，对这三皇五帝大都
是毕恭毕敬。清朝的满族皇
上一到北京坐上皇位以后，
就多次来到历代帝王庙，给三皇五帝烧香磕头，这就是为了表明自己是
炎黄子孙、正统皇权的继承人。

三皇五帝牌位

以文治武功为标准：为皇帝做鉴定

秦始皇

帝王庙供奉的当然是皇帝，但不是说只
要当过皇帝就可以在这待着，能在帝王庙里
受到供奉的皇帝，也是有严格标准的。

您看推翻夏桀暴政的烈祖成汤、《封
神榜》里的周武王姬发、还有汉高祖刘
邦、光武帝刘秀、唐太宗李世民、宋太祖

崇祯皇帝朱由检

赵匡胤、元世祖忽必烈，这些开国皇帝、创业君主，就理所当然地在这里设立牌位。而那些被看做是昏庸无道、丧权亡国的皇帝，在这里就找不到他们的牌位了。您看像统一中国的秦始皇在这里都没有牌位，当然这个标准也是因人而异，灵活调整的。

这里有一个明愍帝的牌位，这个皇帝就是在景山上吊的崇祯皇帝朱由检。崇祯皇帝即位17年，对内镇压李自成农民起义，对外和清朝打得你死我活，就没过过一天消停日子，到了还是断送了明朝的二百多年的江山，算起来也是个亡国之君。可是清朝康熙皇帝对他倒是有一套自己的说法。1722年他专门下了一道圣旨，说崇祯皇帝没什么大错，明朝亡国用不着他负责，他的牌位可以摆放到历代帝王

李自成

庙里。但是崇祯的哥哥天启皇帝、他爸爸泰昌皇帝、爷爷万历皇帝就不能进庙供奉了。祖孙三代同为明朝皇帝，在康熙眼里可就分出薄厚来了。

到了1786年，乾隆皇帝提出了不能带有民族和地区偏见的政策。

历代帝王牌位

他大笔一挥，宣布凡是历史上的帝王，除了无道、被弑和亡国之主外，其他的统统可以入庙。这一下子，

金、辽和前后五代的晋、宋、齐、陈、后唐等25个皇帝，不管在位时间长短，就一窝蜂地进来了，都在帝王庙中找到了自己的一席之地。

辅佐皇帝的将相：关云长当楷模

萧何

在历代帝王庙里除了正殿奉祀皇帝牌位外，在大殿的两侧配殿，供奉着的是一些有名的文臣武将。看来帝王也明白，尽管他们每天自称是孤家寡人，但是要想成就大业，必须有一些得力干将。自己死了以后供奉在这里，也要让那些立下汗马功劳的属下在这里有个安身之处。

这里开始只有32个开国将帅，后来也是逐步增加，最后这里一共供奉了79个文臣武将。比如辅佐刘邦成大业的张良、萧何，运筹帷幄的诸葛亮，抗金名将岳飞。然而令人寻味的是，在历代帝王庙的西小院，我们看到了这个关帝

张良

庙，单独供奉着关羽，还有为他扛大刀的周仓，捧官印的关平。

您想想，要按官衔，关羽不过是三国时期蜀国的五虎上将，要按

关帝庙

出身，关羽也没有什么皇家血统，蜀国后主刘禅，也就是那个阿斗，都没有能够在历代帝王庙中混到一个牌位，而关羽不仅进了帝王庙，还单立门户，这待遇可真是够高的了。

这大概是因为关羽以武德著称，当帝王们需要有人为他卖命的时候，总要拿关羽的忠心耿耿作为教育下属的榜样和楷模。也可能正是因为如此，关羽活着的时候没有得到功名头衔，在他死后却是不断升级呀。从汉寿亭侯到关老爷，后来又成了关圣人、关帝，差不多可以和皇上们平起平坐了。

下马碑

钟楼

来到历代帝王庙，从大门前的下马碑、进门后的钟楼、到祭祀用的大香炉，都透出皇家庙宇的尊贵和气派。中国是封建社会延续时间最长的国家，也是世界上皇帝最多的国家，您有空的时候到这儿转一转、看一看，或许对了解中国历史多少有点帮助吧。

香炉

北京卫视
播出时间：每周二　21：35
BTV公共频道
播出时间：每周日　11：35

西周班簋

今天我们栏目的老朋友、首都博物馆的王武钰副馆长带我们去看一件身世非常坎坷的青铜器。

在以前的节目中，我们曾经带您到首都博物馆欣赏过一件国宝级青铜器——平谷区刘家河出土的三羊铜罍。今天我们栏目的老朋友、首都博物馆的王武钰副馆长说带我们去看一件和三羊铜罍一样珍贵，而且身世非常坎坷的青铜器。

三羊铜罍

我们按照惯例办了出入手续以后，王馆长告诉我们，今天要带我们去看的那件宝贝在青铜修复室里。去修复室的路上，王馆长告诉我们说，簋是商周时期的青铜盛食器，也就相当

班簋

于我们今天所说的餐具。当时除了作为日常用具以外，更多的是用作祭祀礼器，用来显示使用者的身份和地位。我们今天要看的这个班簋就是西周时期的，到现在已经几千年了。而且王馆长告诉我们，这件珍贵的文物当年是从垃圾堆里拣回来的。

当时文管处有一个老先生叫程长新，他是青铜器鉴定的专家，然后文化大革命没事干他就老去废品站去收、去看、废品堆里去拣。在通县的一个废品站，他先找到了三分之一大的一块簋，后来他就请霍先生他们来看这个东西，想修好。霍先生一看就说这东西缺的太多，于是程先生又骑着自行车到通县跑了三趟，把这东西基本上找齐了。之后就由故宫的霍老师从头到尾给修复了。

将几块像这样的碎片修复到我们现在看到的如此完整，肯定费了不少工夫，我们不禁对修复过程产生了兴趣，于是王馆长专门为我们找来了修复班簋的霍先生。

当时找到以后，这个残片非常破碎，底子整个都翘了起来，另外器身上缺了三分之一。当时这个条件还比较差一点，我就根据这边器型的纹饰，用比较落后把办法，通过翻砂翻出了缺的三分之一的器身，连着其他的三个耳和这个高足，这样拼起来的。

看来修复工作还真是不容易啊，幸亏有霍先生这样的文物修复专家，我们今天才能有幸看到这件国宝的本来面目。据霍老先生说，这件国宝之所以珍贵，是因为在容器内部刻有很多铭文。我们数了一下，这些铭文一共198个字，记录的是什么呢？让我们赶紧问问霍老。

铭文说呢，这个周穆王派了一个叫"班"的大臣出去打仗，建立了功勋，然后赏赐给他这个簋，就是记录这件事的。

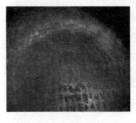

铭文

原来这个簋是周穆王为表彰一个名字叫"班"的大臣而赏赐给他的，看来跟我们现在的奖杯差不多。另外我们北京的簋街叫的也是这个"班簋"的"簋"字，估计在原来就是吃饭的地方。由此，您知道这件青铜器名字的由来了吧。

北京卫视
播 出 时 间：每周二　21：35
BTV公共频道
播 出 时 间：每周日　11：35

播出时间:
首播　北京电视台卫视频道
　　　每周二21：35
重播　北京电视台公共频道
　　　每周日11：35

《这里是北京》
节目简介

　　《这里是北京》，一档扎根北京历史遗存，挖掘中国历史精髓的文化类专题节目。栏目坚持运用幽默的叙述方式、以古鉴今的思维方式、戏剧化的结构方式、深入浅出的分析手法，使曲高和寡的历史文化融入大众、植根于大众。在世界范围内，北京即代表中国，《这里是北京》旨在让世界范围内各层次的观众，都能深入浅出地理解中国传统文化和现代文化的一脉相承性，了解北京文化、北京人的内涵和幽默特质。

　　工业链式的人员结构，是《这里是北京》主创团体的一大特点。电视节目制作中的选题、撰稿、摄像、采访、后期编辑等多个环节，被一一分解，每个环节设置专业的创作组，由此形成选题策划组、撰稿组、摄像组、前采组和后期编辑组，由此达到每个环节的"精英最大化"，进而实现节目整体水平的大幅度提高，更重要的是保持了语言风格、拍摄风格、包装风格的高度统一，从而打造出一个不可复制、不可模仿、独树一帜的《这里是北京》。

隆科多在京遗迹

一部电视剧《雍正王朝》，将一件继位谜案推到台前；

为一位争议人物昭雪平反，你争我吵之后，

事件内幕初露端倪，焦点人物浮出水面。

北京古观象台

在北京建国门立交桥的西南角上，

有这么一座砖砌的城台，

这就是有着五百多年历史的北京古观象台。

刘家河青铜器

今儿个咱就一起去看看刘家河出土的另外一件青铜器，

看看它当初的具体用途到底是什么。

隆科多在京遗迹

一部电视剧《雍正王朝》，将一件继位谜案推到台前；为一位争议人物昭雪平反，你争我吵之后，事件内幕初露端倪，焦点人物浮出水面。

一部电视剧《雍正王朝》，将一件继位谜案推到台前；为一位争议人物昭雪平反，你争我吵之后，事件内幕初露端倪，焦点人物浮出水面。

● 隆科多在京档案

姓　　名：隆科多

职　　务：步兵统领（大概相当于陆军总司令）

主要业绩：拥立四阿哥胤禛登基。

特殊身份：雍正继位之谜的唯一知情者。

毕生最大荣幸：清朝唯一一个被皇帝公开以舅舅相称的臣子。

出生地点：佟公府(王府井大街)

王府井地理位置图

说起北京的王府井，不光北京人熟，用咱东北老乡的话说"地球人都知道"，听名字就不难猜出这片儿过去是王府林立，差不多相当于政府部门的家属区，隆科多就出生在这儿。隆科多的老爸叫佟国维，您还记得康熙爷的母亲佟妃吗？那就是佟国维的妹妹。要说起

40

协和医院

隆科多他们家跟爱新觉罗家的联姻关系，还真挺复杂，我挑着最重要的给您念叨念叨：康熙的母亲，也就是佟妃，她是佟国维的妹妹，隆科多是佟国维的儿子，因此可以推算隆科多是佟妃的侄子，也就是说隆科多是康熙的内弟。您听这关系够晕的吧。但人家两家子都觉得还不够亲，佟国维的两个女儿又成了康熙爷的一妃一后，所以隆科多又是康熙的小舅子，这就是后来雍正为什么管隆科多叫舅舅。

协和医院地理位置图

据史料记载，王府井大街东侧有豫亲王府，也就是多铎的府第，现在是协和医院的所在地。王府井大街东侧，以前从南向北依次是怡亲王府、一等襄继公府、扎萨克贝勒府、张贝子府、佟公府等。这佟公府就是佟国维的府第，也就是隆科多的出生地。如今佟公府的遗迹已经荡然无存，但从史料上看，王府井曾经虽然王府林立，但如今有据可查的为数不多，佟公府有幸能登记在册，可见当年它的地位非同一般了。

坚强后盾：紫禁城景仁宫

紫禁城后宫的知名度，很大程度上取决于他们曾经的主子，长春宫、储秀宫，因为慈禧太

慈禧太后

景仁宫

后而知名，而慈宁宫与孝庄同时为人们所牢记。位于故宫西六宫之一的景仁宫，同样因为诞生了康熙皇帝玄烨才为人们所熟悉。佟妃在景仁宫生下玄烨的同时，佟家的家族事业也从此起飞。隆科多作为佟妃的亲侄子自然也沾了不少的光。关键是玄烨这位生于景仁宫的小主子几十年后成为了隆科多的伯乐，可以说隆科多的每一步都离不开康熙皇帝玄烨的抬举，估计那时候尚未出生的隆科多没有想到，景仁宫里一声婴儿

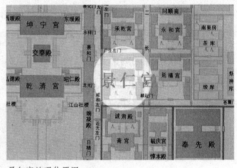

景仁宫地理位置图

啼哭也预示着他在这个世界上有了一条宽阔坦荡的通天大道。

老死不相往来：廉亲王府

胤禩

位于东长安街台基厂头条的商务部，是廉亲王府的旧址所在地，廉亲王就是素有"八贤王"之称的八阿哥胤禩的府第。当年隆科多跟大阿哥胤禔关系特好，那会儿大阿哥又依附于皇八子集团，因此隆科多也拐弯抹角地成了八子党的成员。康熙爷曾经暗示隆科多不要卷入皇位争夺战中，隆科多也挺听领导的话，从此跟八爷摆起了老死不相往来的架势。康熙

商务部

台基厂头条地理位置图

五十五年八爷病重，康熙让平时跟八爷关系不错的人都去看望他，这其中包括平时极力跟八爷保持距离的老四胤禛，唯独隆科多没有露面，保持中立的功夫可谓是做到了家。康熙从此坚信隆科多是个听话的属下，从此予以重任，隆科多自己也挺争气，一度成为康熙晚年最得力的大臣之一。

是非之地：畅春园

隆科多一辈子，最关键、最倒霉的时刻都是在京西畅春园一带度过的。如今大伙儿都关心隆科多，无非因为他是雍正继位这一谜案的第二号男主角儿，而这一谜案的案发现场就在畅春园。当时隆科多担任的

畅春园遗迹

是步兵统领，大概相当于现在的陆军总司令。1722年，康熙在畅春园病重，老婆孩子以及重要的大臣都被封锁在了康熙寝宫之外，身边只

有隆科多一个人担任保卫工作。可以说康熙是在与世隔绝的情况下撒手人寰的。因此就康熙临终遗言的内容，隆科多成了最有发言权的人。最终雍正继位的消息是从隆科多嘴里传出来的，这事儿大伙儿都知道，但关于细节，说法不一。

说法一：合法继位版

据雍正自己说，当年七位皇子被召集到康熙床前，聆听了康熙爷传位老四的遗言，而后隆科多只是当了个传话筒宣布了康熙的旨意。当然这话是从雍正自己嘴里说出来，可信度就有所下降，再加上有人分析，雍正为什么早不解释、晚不解释，偏偏在众兄弟都被整得无反驳之力、隆科多也被圈禁至死的时候才公开声明。实在有点"此地无银三百两"的嫌疑了。

说法二：篡位版

另有学者认为，当年康熙猝死，唯一知道传位真相的隆科多在权衡各位皇子的势力之后，将赌注投在了老四胤禛身上，于是假传圣旨，私造遗诏，一手将胤禛推上了皇位。更有人说是隆科多在康熙的药里下了毒，与胤禛里应外合，篡夺了皇位。

孤注一掷：雍和宫

不管细节如何，隆科多在畅春园不离病重的康熙左右却是事实。而他自己也善于审时度势，将赌注稳、准、狠地投向了京

雍和宫一景

城东北角的雍亲王府，也就是今天我们所熟悉的东城区雍和宫。

雍和宫地理位置图

提起雍和宫，容易使人联想到另外一个与雍正关系蹊跷的风云人物年羹尧。年羹尧原来是雍亲王府的家奴，后来立了不少战功，一路上官位飙升。素来流传着雍正继位文有隆科多、武有年羹尧之说，隆科多和年羹尧俩人的命运出奇地相似，最终都是被雍正卸磨杀驴。耐人寻味的是，隆科多的四十一条罪状里重要的一条就是勾结年羹尧，但据我们所知，年羹尧和隆科多向来谁都看不上谁，还是雍正费尽心机极力说和，才使俩人勉强相处，看来雍正早就不动声色地给俩人刨了个坑，只不过年大人比咱们的隆科多先跳了一步而已。

隆科多获罪之后，被圈禁在畅春园附近的三间临时搭建的房子里，最终饥寒交迫而死。其罪状大都是居功自傲之类。不可否认，隆科多有点自作自受，自毁前程。但仔细分析，雍正之所以如此对待隆科多，原因之一是他知道的太多，多到了让雍正寝食不安，多到了对雍正的皇权有所威胁，所以雍正与这位扶他登基的出类拔萃之臣，经历了将近两年的蜜月期后，在自己的皇位坐稳之时，毫不犹豫地灭了这位唯一知道雍正继位之真相的大臣。雍正需要隆科多时，溢美之词无以复加，哪管他战绩平平、前科在身，在不需要时却罗列罪状，不顾他功过参半、悔心尚存。如此看来，这臣子名垂青史还是臭名昭著，不过取决于此人是否能够恰到好处地满足帝王的需求而已了。

北京古观象台

在北京建国门立交桥的西南角上，有这么一座砖砌的城台，这就是有着五百多年历史的北京古观象台。

北京古观象台

在北京建国门立交桥的西南角上，有这么一座砖砌的城台，上面安装着一溜儿铁圈铁架子的物件。您可千万别小看了这么个小城台，这就是有着五百多年历史的北京古观象台。

观天象以卜吉凶：观象台应运而生

要说起观察天象，在咱们中国可是有年头了。满天密密麻麻的星星，自古以来就给人们带来了许多遐想，特别是在科学不发达的古代，人们凭借着自己的好奇心，想象着天上的情况，并且把对星象的理解运用到现实生活中来。过日子要根据天象编制历书，确定年份；农民种地，要按照二十四节气来安排播种收割；领兵打仗那得上知天文、下知地理。

古观象台地理位置图

当皇上的更是有事儿没事儿往着天上瞧瞧，看看自己那颗紫微星今儿个亮不亮，北斗七星排列得顺不顺，文曲星能不能给朝廷送个文豪，扫把星又要带来什么倒霉事，根据天象预测一下吉凶，算算屁股下的龙椅坐得稳不稳。因此观天象可就成了件不敢马虎的大事，在靠近首都的地界儿，选块儿风水宝地建一座观象台，就更是理所当然了。

选定北京看星星：皇帝专用的古观象台

自打北京作为都城时起就有了观象台。早在1153年金朝建中都，就设立了一个观天象的候台，到了1279年，元朝又在今天建国门内的旧贡院建立了一座司天台，可惜今儿个都已经找不着什么遗迹了。

明朝正统七年，也就是1442年，在这个地方建立了观星台，开始设置浑仪、简仪等观测仪器，建筑台体和附属的紫微殿等建筑。

砖石

到了清代，康熙皇帝对观天象更是起劲儿，他不仅把这儿正式命名为观象台，聘请了一些西欧传教士，重新制造了地平经纬仪、黄道经纬仪、玑衡抚辰仪等大小天文仪器，就连修建观象台的砖石都是官窑烧制的，要知道在封建社会里官家盖房子用什么材料，那可不敢随随便便，单论观象台的建筑材料，就可以看出这个观象台是皇室专用的。

祖宗们的钟表：别具一格的古代计时仪器

在一些电视剧里头，我们经常可以看到皇宫里摆放着西洋的钟表，其实这物件咱中国早就有了。公元五世纪，北魏的道士李兰发明了秤漏，相当于今天的钟表。

秤漏

这么珍贵奇特的计时器，是怎么计算和显示时间的？据观象台的工作人员说，秤漏的一部分是个搁水的大缸，用虹吸原理把水抽到秤里，十漏一升，重一斤，十斤一刻，称起来就是一刻钟过去了。

珍贵奇特的观象仪器：我国古代科学智慧的结晶

陈列在屋外的这些大家伙，号称八大铜仪，都是清朝制造的。别看它们外表古里古怪，名字也很难记得住，但是古代观测天象，少了它们还真不行。

玑衡抚辰仪

玑衡抚辰仪，是测定真太阳时，天体的赤经差和赤纬的；象限仪，是测定星体高度的；黄道经纬仪，是测定太阳在黄道上的位置的；天体仪，是测定星体出没的时间和方位的；地平经纬仪，是测定星体方位与高度的。它们相互配套，各有各的用处。

现存的这些青铜仪器，从这些飞游的龙上，可以看到在制造和工艺上具有鲜明的中国传统特色，而在刻画精度和结构上，又直接反映出西欧自然科学的发展成就。不仅在当时有着很大的实用性，就是今天来看，也有很高的学术地位和实用价值。

地平经纬仪

曲折多舛的命运：记录中国历史的兴衰荣辱

安放在北京古观象台上的这些观天仪器，一开始命运还不错。康熙、乾隆时期，国家强盛，观象台也跟着风光。尤其是作为皇家禁地的观象台，只有达官贵人才能进去，普通人哪怕是到这里瞄上一眼，那就足够显摆一阵子的了。

可到后来，观象台的日子越来越不好过了。1900年八国联军占了北京，古观象台遭到外国列强的洗劫和偷窃。法国侵略军把其中的简

纪限仪

仪等五架古仪器搬到了法国大使馆，两年以后才送回来。德国侵略军干脆把天体仪、纪限仪、浑仪等另外五架古仪抢回了柏林，在波茨坦离宫里摆放了二十年，直到1921年才归还我国。

这些古代仪器的命运从另一个方面反映了我们国家的兴衰荣辱。在新中国成立以后，它们才过上了安定日子。

北京古观象台从1442年到1929年，连续观测了487年，在全世界现存的观象台中，它是在同一地点连续观测时间最长的，也是建台历史最久的。那个大名鼎鼎的英国格林威治天文台，要算年头，比起北京古观象台要晚230多年呢，只能算是小字辈儿。就凭这一条，您觉得是不是就应该抽个空儿到北京古观象台去看一看呢？

北京卫视
播出时间：每周二　21：35
BTV公共频道
播出时间：每周日　11：35

刘家河青铜器

今儿个咱就一起去看看刘家河出土的另外一件青铜器，看看它当初的具体用途到底是什么。

我们曾经给您介绍过平谷刘家河出土的青铜器——三羊铜罍，但是后来有观众说，刘家河一共出土了16件青铜器文物，还能不能再见识点别的吗？一句话，没问题。今儿个咱就一起去看看刘家河出土的另外一件青铜器，看看它当初的具体用途到底是什么。

发现目标：商代青铜生活用品

鱼纹盘

这首博的仓库别说是外人，就是这儿的工作人员也得经过特批才能进入。一进仓库门，保管员就有的放矢地在清单上帮我们查找刘家河青铜器的序号。商代人用的青铜器既有艺术价值，也有实用价值，郁闷的是，人家那名字听着都特奇怪，所以要是业余点的人，还真不知道这些物件都是干什么用的。第一个出场的，就是这个火锅一样的东西。

● 采访首都博物馆保管部职员胡昱

我给大家隆重推荐的就是这件鱼纹盘。这件鸟柱龟鱼纹盘可以说是这16件青铜器里面的精品，它是水器，它一般和匜或者盉相配套使用，洗手的时候，用匜浇水，它是盛水的，有点水盆的意思。它的这里边的纹饰，您可以仔细看一下，和盘的用途联系得也很密切：它是三尾鱼纹，中间是一个龟纹。龟和鱼都是水生动物，所以这种纹饰在水器上就非常常见这个盘。比较有特点的地方，就是它有两个鸟柱，两个水鸟是装饰品。盛上水以后就能感觉鱼和龟在水中游，两只水鸟立在岸边，非常生动的一个画面。

这件器物叫甗，是食器，一般就是蒸煮食物的，它这个中间应该有一个箅子，蒸锅一样，下边是放水，箅子上边放要蒸的食物，底下点火。

鸟柱

三尾鱼纹

您要是还见过别的青铜器，不知道是干什么用的，可以打电话问我们，我们一定想方设法给您找个答案。

甗

北京卫视
播出时间：每周二 21:35
BTV公共频道
播出时间：每周日 11:35

修缮前　　　　　　　　　　　修缮后

长城　黄花城段

奕譞在京遗迹

今天咱就把这位事儿红人不红的醇亲王奕譞推到台前，

拉拉家常，聊聊故事，查查他的在京档案。

纪晓岚故居

今天咱就直奔宣武区珠市口大街241号的纪晓岚故居，

到纪大学士的家里去找找线索。

北京鸭

在北京找个吃烤鸭的地方并不难，

从三十多块钱到二百多块钱，各种价位随便您挑。

但是有件事儿您得闹清楚了，同样是鸭子，

这一二百块钱的差价，差在哪儿了呢？

奕譞在京遗迹

今天咱就把这位事儿红人不红的醇亲王奕譞推到台前，拉拉家常，聊聊故事，查查他的在京档案。

　　爱新觉罗奕譞，乍一听有点陌生的名字，但只要说是光绪的父亲、溥仪的爷爷，又或者是慈禧的妹夫，恐怕您都会恍然大悟，惊呼"原来是他！"再加上挪用海军军费修建颐和园等等特大新闻，奕譞的轮廓就变得更加清晰了。今天咱就把这位事儿红人不红的醇亲王奕譞推到台前，拉拉家常，聊聊故事，查查他的在京档案。

54

● 爱新觉罗奕譞在京档案

姓　　名：爱新觉罗奕譞

别　　号：退潜居士、九思堂主人（据说是向慈禧暗示自己毫无野心的退隐之意）。

出生日期：1840年10月16日

享　　年：51岁

婚姻状况：娶了慈禧的妹妹叶赫那拉婉贞，相传两人是一见钟情，其实暗中做媒的是懿贵妃（就是慈禧太后）和安德海。

主要家庭成员：四哥咸丰皇帝，四嫂慈禧太后，儿子是光绪皇帝载湉，孙子是宣统皇帝溥仪。

职　　务：海军衙门总理大臣

职务推荐人：李鸿章、英国顾问赫德

特　　长：无

性格特征：胆小、贪财

一见钟情：紫禁城储秀宫

位于紫禁城西路的储秀宫，是当年的兰贵人，也就是后来的慈禧太后居住的地方，同治皇帝就出生在这儿。正所谓一人得道，鸡犬升天，储秀宫就因为沾了慈禧的光，后来成为了西六宫之中装修最豪华的一套住房。

储秀宫

当时年仅19岁的七王爷奕譞，在储秀宫邂逅了他的初恋，女主角儿就是慈禧太后的妹妹叶赫那拉氏婉贞。一段看似天赐的良缘，实际上却是由慈禧和安德海一手安排的。当年还是懿贵妃的慈禧，看中了奕譞这支绩优股，于是以妹妹为诱饵，设计安排了俩人在储秀宫偶遇。其实慈禧这当姐姐的也没少为妹妹考虑，奕譞人老实，又胆小，除了贪点财，没大毛病，自己的妹妹嫁给他肯定吃不了亏。结果奕譞中计，跌入情网，不久这位温柔漂亮的叶赫那拉姑娘摇身一变成为了奕譞的七福晋，也就是后来光绪皇帝载湉的亲生母亲。

成家立业：醇王府(西城区太平湖东里中央音乐学院)

奕譞结婚之后，按规矩搬出紫禁城单过，地址就在现在西城区太平湖东里中央音乐学院所在地。10年之后，也就是1871年8月14号，奕譞的第二个儿子载湉，也

醇王府

就是后来的光绪皇帝呱呱坠地。1875年同治皇帝去世，慈禧为了巩固势力，便一相情愿地过继了自己亲上加亲的外甥，年仅3岁的载湉，也就是后来被她踩躏致死的光绪皇帝。

据说当时奕譞接到圣旨，立马昏厥过去，七福晋更是深知姐姐的为人，尽管对宝贝儿子百般不舍，但是懿旨难违，只好忍痛割爱。

光绪17岁正式上岗当了皇帝，太平湖东里的醇王府也长了身价，被当成宫殿供了起来，赐名"潜龙殿"，其实就跟咱们现在保护起来的名人故居差不多。于是奕譞只好带着一大家子人浩浩荡荡地搬出了这座住了十几年的宅子，另辟安家之处。

叔嫂结党：菜市口

如今热闹繁华的菜市口，过去是个刑场，留下过不少知名人士的足迹，咸丰临终委任的顾命大臣肃顺就是其中之一。

大伙儿都知道肃顺是栽在了慈禧的手里，其实直接把肃

菜市口地理位置图

顺推上刑场的正是咱们的醇贤亲王，当年已经成为慈禧妹夫的奕譞，他敲锣打鼓地加入了后党，成为了与"鬼子六"奕䜣并肩作战的慈禧心腹。一向窝囊的奕譞在辛酉政变中风风光光地露了回脸，埋伏在密云行宫生擒了肃顺。据说行刑那天肃顺死活不肯下跪，最后愣是被打碎了膝盖骨。肃顺的鲜血在染红了菜市口街道的同时，也染红了奕譞的红顶子。

有人说奕譞是指着儿子攀的高枝，其实不然，要知道奕譞当年大红大紫的时候，苦命的光绪皇帝载湉还没出生呢。

单位宿舍：蔚秀园

蔚秀园

现在位于北京大学西门对面的蔚秀园，当年是单位分给奕譞的别墅。蔚秀园夹在皇帝的两座别墅圆明园和畅春园之间，足见其级别颇高。这座园子少了王府里的粉雕玉琢，却多了几分山水之间的自然清新。

酷爱吟诗作画、附庸风雅的奕譞特别喜欢住这儿，但是住了不到两年，英法联军就烧了圆明园，隔壁的蔚秀园也被殃及，烧了个面目全非。慈禧太后经常到颐和园办公，为了追随领导，奕譞只好重修了蔚秀园，但是无论是设计还是工艺，都没法跟从前的蔚秀园相比，早已没有了当年的脱俗气质，充其量也就算是个方便奕譞上班的单位宿舍罢了。

李鸿章

借花献佛：颐和园

说起颐和园，大伙儿第一个想到的就是慈禧挪用海军军费这档子事，而挪用公款修建颐和园的整个过程，都是奕譞一手操办的。

海军衙门总理大臣是个肥缺，李鸿章和英国顾问赫德都日思夜想，两人鹬蚌相争，最终却便宜了坐山观虎斗的奕譞。不过据说奕譞出任海军衙门总理大臣的时候，慈禧对他并不放心，有一次检阅海军，居然派李莲英随行服侍，其实就是监督。

颐和园

奕譞上岗之后，没忘了孝敬领导，一出手还就是大手笔，挪用海军军费给慈禧太后修了这座疗养办公两不误的娱乐场所——颐和园，正所谓借花献佛，自己一毛不拔，还买了好，绝对是一举两得。如此看来，一向懦弱木讷的奕譞，倒是有点钻营之嫌了。

分房搬迁：醇亲王府(什刹海后海北沿46号)

儿子当上皇帝之后，奕譞搬到了现在什刹海后海北沿46号的醇亲王府。相对太平湖的潜龙邸而言，这里被称为北府。这宅子地段好，离单位也近，不仅如此，慈禧还特意给奕譞拨了笔装修补助。

醇亲王府

奕譞在慈禧面前得宠，不知道有多少人眼红。咱只见他人前显贵，却不知身为慈禧妹夫，奕譞也有背后受罪的时候。据说七福晋，也就是慈禧的妹妹

溥仪

去世的时候，慈禧到醇亲王府吊丧，砸了灵堂所有的贡品，并且下令将王府所有金银珠宝全部给她妹妹陪葬。一向对这位嫂子惟命是从的奕譞，当然不敢反抗，幸好家大业大，这一折腾，倒也没能伤了醇亲王府的元气。

奕譞家盛产皇帝，后海北沿的醇亲王府随着奕譞的孙子溥仪的登基，再次成为了国家文物保护单位。奕譞去世以后，醇亲王府的前半部分成为了醇亲王祠堂，其余部分在溥仪登基后作为潜龙邸保留了下来。

鸠占鹊巢：关岳庙

关岳庙

什刹海北边有座关岳庙，西侧与德胜门箭楼相望，东临北京城中轴线北端的钟鼓楼。关岳庙历经百年，年久失修，近日相关文保单位斥资对关岳庙进行了修复。

这座关岳庙最早是醇亲王奕譞的家庙。1891年元旦，奕譞突发疾病，撒手人寰，光绪皇帝抓住了最后的尽孝机会，下诏书为老爸奕譞建庙、立祠、修墓，这座家庙从光绪十七年到光绪二十五年，历时8年才修建完成，但蹊跷的是，奕譞的灵位一直没有入住这座家庙，民国北洋政府塑了关羽、岳飞的塑像，供奉在庙内，结果鸠占鹊巢，醇亲王奕譞的家庙成了今天的关岳庙。

葬地：七王坟

西山妙高峰

同治年间，奕譞在西山养病的时候，看中了西山妙高峰脚下的唐代法云寺旧址，于是慈禧为了拉拢他，把这片儿赐给奕譞当墓地，就是现在的七王坟。

奕譞一辈子没什么大作为，但生前死后都挺风光。他虽然对慈禧也有诸多不满，却深谙"忍字头上一把刀"的道理，对慈禧一向是无条件顺从，忍气吞声外加溜须拍马。相比之下，精明能干却最终被慈禧

七王坟

抛弃的"鬼子六",就有点不识时务了。

又有传言说,奕譞死后也没得安生,七王坟上原来有一棵大白果树,人称白果王,有人向慈禧进谗言,说"白"字上加一个"王",正是"皇",暗示醇亲王家有帝王之脉。慈禧一听来了气,命人砍了七王坟上的白果树,急得光绪皇帝直哭。如今想来,这白果树正是慈禧为了灭光绪的锐气才砍的。

如今七王坟作为"人文奥运"保护规划的一部分,文物部门已经对其进行了修缮。

奕譞因为追随慈禧,没落什么好名声。其实家家有本难念的经,奕譞一辈子忍气吞声,如履薄冰,只为了换来一家大小平安无事,最终却还是牺牲了一儿一孙。都说造化弄人,其实是人与人在相互捉弄。看似风光无限,一辈子功名利禄乃至遭人妒忌的奕譞,不过是慈禧手中的一颗棋子罢了。

北京卫视
播 出 时 间:每周二 21:35
BTV公共频道
播 出 时 间:每周日 11:35

纪晓岚故居

今天咱就直奔宣武区珠市口大街241号的纪晓岚故居，到纪大学士的家里去找找线索。

电视剧《铁齿铜牙纪晓岚》的热播，让纪晓岚这个原本有些冷僻的名字顿时家喻户晓，不仅如此，多年来一直无人问津的纪晓岚故居，也随之在一夜之间变成了各大旅行社老北京游览路线中重要甚至必要的一站。而人们仅从一些影视资料去认识了解纪晓

纪晓岚故居

岚，很难说清他到底是个啥样的人，今天咱就直奔宣武区珠市口大街241号的纪晓岚故居，到纪大学士的家里去找找线索。

缩小版豪宅：纪晓岚故居

纪晓岚故居地理位置图

来到纪晓岚故居，您肯定会加深对老纪清贫的印象。乾隆朝的一品大学士，能在这一亩三分地儿上一住就是60多年，不是清贫是什么？

清贫是不假，但凭纪晓岚当时的身份和地位，无论如何也不会惨到这份儿上。我先给您交个底，咱眼前

这座所谓的纪晓岚故居，可是缩了水的。当初纪晓岚住的是一座前出廊子后出厦、三进三出的豪宅。现在自行车道边上的两棵老槐树，当年就立在宅门口，多年之后，树没挪地

纪晓岚故居

儿，宅子却缩了水，只剩下了后半部，可怜这两棵老槐树，只能和现在的纪晓岚故居隔街相望了。

如今被保护起来的纪晓岚故居，只剩下我们熟悉的这座阅微草堂，咱老百姓不是有句话叫"浓缩的都是精华"吗，咱也只好把眼前的这一亩三分地，称为"精华版"纪晓岚故居了。

感情寄托：海棠树

院里的这棵海棠树，是和纪晓岚最有感情的物件儿，也是证明纪晓岚用情专一的确凿证据。

海棠树

纪晓岚小时候对四叔家的丫鬟文鸾情有独钟，文鸾对他也是痴心难改。情窦初开的一对人儿，一次在乡下海棠树下玩耍，情动处，互为誓盟，订下终身，可贵的是人家俩人知道不应该早恋，要以学业为重，所以文鸾要纪晓岚先博取功名再回来娶她。谁知好事多磨，这件事遭到了文鸾兄长的严厉反对，棒打鸳鸯散，文鸾为此患上了相思病，没等纪晓岚回来，就香消玉殒了。纪晓岚得知此事，犹如晴天霹雳。他深知文鸾生前最喜欢海棠，就特此种下了两棵海棠树，以表达对自己初恋情人的思念与情感寄托。如今只剩下了这一棵，但纪晓岚对文鸾的这份情却依旧未减，文鸾也成为纪晓岚这一辈子最爱的女人。

朝思暮想：娃娃睡枕

紫藤厅

紫藤厅原来是纪晓岚的客厅，1959年，山西风味的晋阳饭庄入住纪晓岚故居，把紫藤厅改为了餐厅，如今晋阳饭庄在隔壁另立门户，紫藤厅改为了纪晓岚生活用品的陈列厅。

在紫藤厅展柜中的瓷娃娃挺让人好奇，一时没弄明白它是干什么用的。据故居工作人员介绍，这是纪晓岚的睡枕。看它的造型，颇能体现纪晓岚这位风流才子的一贯作风，连睡枕都是个女孩的造型。

传说当年纪晓岚的初恋情人文鸾死后，托梦给纪晓岚，告诉他今生今世俩人有缘无分，只有在梦里才能相见。事后，纪晓岚几乎每晚都梦到她。他便开始迷信起来，认为是这个瓷娃娃睡枕成全了他和文鸾的梦中相会。自从那时候起，他就再也没用过其他的枕头。

瓷娃娃

搁现在看，并非枕头发挥了功效，而是纪晓岚对文鸾的珍爱才使得他日有所思夜有所梦。这个传说的真伪我们现在已经无从考证。但也许您能从这个故事认识到这位平时敢怒敢言、放浪不羁的风流才子其实也是位用情专一的性情中人。

减肥成功：纪晓岚画像

民间传说中，纪晓岚的形象风流倜傥，一表人材，基本上符合著

名演员张国立在电视中刻画的形象。其实，真实的情况完全不是这样。据史书上记载，纪晓岚生活极其奢侈，从来不吃五谷杂粮，就吃肉，还得是猪肉，从来不吃鸭子，所以给自己吃成了个大胖子。但我们现在看到的这些画像，个个都是火柴棍身材，看来他是经过了魔鬼训练才有了如今这副模样。另有记载，纪晓岚不仅胖，长得也比较困难，当年都用"貌寝短视"来形容他。所谓"寝"，就是相貌丑陋，"短视"，就是近视眼。当然，纪晓岚既然能通过各层科举考试，有那么多的老师在那把关，形象应该不至于丑得没法见人吧。关于这些记载，我们并没有找到图片给您示例，您也只能从这里展出的画像上找寻他当年的那副模样了。

纪晓岚

纪晓岚写字间：阅微草堂书房

从前大伙儿都以为，阅微草堂就是纪晓岚故居，其实这草堂不过是他的写字间而已。大部分电视剧里说，纪晓岚如何的文韬武略，如何舌战群儒，以文学盖压群芳，除了每天到宫里上班，

阅微草堂

下班的大部分时间都在这里专心创作，并给后人留下了一笔财富。但又有人说，电视里演的并不对。其实，纪晓岚的脑筋并不是那么灵光，文采也并不是那么出众，更不是什么铁齿铜牙能说会道。他能够在乾隆爷面前崭露头角，完全要归功于他的导师——刘统勋。就凭他31岁才考取进士，还只是个二甲第七名，要不是他师傅刘统勋去见皇帝的时候老带着他，估计纪晓岚这一辈子也就混个小知县当当罢了。

对于电视中所描述的纪晓岚一直保持单身的私生活，有人也有异

议。在实际生活中，纪晓岚是一个很风流的人。虽然口头老是挂着文鸾，宣称不会再娶，但实际生活中一娶就是七个，一点也没耽误。这还不算什么，后来都是70多岁的老同志了，还时不常的去趟八大胡同消遣消遣。这纪晓岚是不是铁齿铜牙咱说不好，但风流才子，他老人家是当之无愧的了。

北京卫视
播 出 时 间：每周二　21：35
BTV公共频道
播 出 时 间：每周日　11：35

北京鸭

在北京找个吃烤鸭的地方并不难，从三十多块钱到二百多块钱，各种价位随便您挑。但是有件事儿您得闹清楚了，同样是鸭子，这一二百块钱的差价，差在哪儿了呢？

以往的奥运会餐饮都是西餐，但是经过国际奥组委的批准，2008年奥运餐饮首次设立了中餐，其中中餐的主打菜就是北京烤鸭。说起北京烤鸭，从老字号到挂炉焖炉的烤鸭方法，再到吃烤鸭的方法，相信很多人是耳熟能详。但是，今天我问您个问题，这北京烤鸭所烤的鸭子有讲究吗？这世上鸭子千百种，哪种才是最正宗的北京烤鸭的原料鸭呢？在北京找个吃烤鸭的地方并不难，从三十多块钱到二百多块钱，各种价位随便您挑。但是有件事儿您得闹清楚了，同样是鸭子，这一二百块钱的差价，差在哪儿了呢？您以前吃的烤鸭，是正宗的北京烤鸭吗？

今儿个我告诉您，最地道的北京烤鸭，烤的是最地道的北京鸭。这话听着有点绕嘴，您听我慢慢道来。

北京烤鸭

● **北京鸭在京档案**

姓　　名：北京鸭

曾 用 名：油鸭、白鸭、填鸭。

身　　份：世界肉鸭鼻祖、北京烤鸭唯一正宗的原料鸭。

体貌特征：体型硕大丰满，长方形身材，

全身羽色纯白并带有奶油光泽。

家庭住址：明清两代放养于京杭运河及京西玉泉山，

现集中在北京金星鸭业中心。

其他养殖户中95%的北京鸭，来自于北京金星鸭业中心的种鸭。

北京烤鸭是一家

咱以前听说过东北虎，四川大熊猫，云南金丝猴，但您听说过北京鸭吗？这种鸭子虽然不是什么国家级的保护动物，但照样金贵。为什么？因为它是北京烤鸭最正宗的原料。换句话说，自打历史上有了北京烤鸭这道菜，烤的就是地地道道的北京鸭，别的品种都不行。

既然如此，到哪儿去找北京鸭呢？正所谓水有源，树有根，北京鸭也有老祖宗。现如今市面上正宗的北京鸭，往上倒四辈儿，老祖宗都在昌平区南口呢。这地方就是北京金星鸭业中心南口育种基地，也是农业部命名的唯一的国家级重点北京鸭育种场和国家北京鸭资源保护场。

咱们不妨给北京鸭也列个家谱：南口育种基地里资格最老的北京鸭，是曾祖系，也就是太爷爷辈儿的。再往下，是祖系，爷爷辈儿的。接下来是父母系。直到这儿为止，这三代北京鸭，都是种鸭，专门负责传宗接代，您是不可能在餐桌上见到它们的。直到第四代才能用来制做烤鸭呢，人家叫商品系，也就是说，咱们平时吃到的辈分儿最大的北京鸭，也得是孙子辈儿的了。

话说到这儿我们产生一个疑问，既然是商品系的，就是作为商品出售的鸭子。那如果咱们买回一对儿商品系的北京鸭，让他们继续下蛋，孵小鸭子，那用不了多少年，咱也可以开个种鸭基地了？我告诉您，做梦去吧，根本不可能。

门当户对 优生优育

要想成为种鸭，必须经过严格的筛选，从父母那辈儿起，就得门当户对，优生优育，这样生出来的孩子，才兼有父母的优点，而这个配种过程，对外都是严格保密的。

这鸭蛋的父母是谁，它产下来我们就知道了，从它的号上就可以查到。

这样的鸭蛋，相当于"种鸭后备军"。从它爹妈谈恋爱的那天起，育种专家就进行了精心的配种。

俗话说，龙生九子各不相同。这些鸭蛋虽然都是一个妈生的，但是孵出来的小鸭子，可不都是种鸭。

采访柴国祥

从它的出生重量，到它的后期长势，还有它的饲料，不同日龄的生长速度、体脂测定，这都有数据的。我们都按照这些育种的固有数据来测验它，再做拣选。

您听听，从小鸭子破壳而出那天起，每天吃多少饲料，长多少肉，那都是全程监督。直到第六周，才能决出胜负，优胜者从父母手中接过传宗接代的大旗，剩下的兄弟姐妹，就只能作为商品送到烤鸭店了。

北京鸭孵化过程

我们在种鸭场里发现了一个奇怪的现象，您看这些工作人员在干吗呢？

● **采访柴国祥** （北京金星鸭业副总经理、南口种鸭场党支部书记）

这是在做公母鉴别，通过工作人员的手这么一摸，就能知道哪只小鸭子是公的，哪只小鸭子是母的。我们在给饲养户的时候，就可以把握给多少只公的，给多少只母的。

原来金星鸭业的种鸭场，除了给烤鸭店送商品系的北京鸭之外，主要还给农户、农场输送父母系的种鸭，通常都是一夫五妻制，也就是一只公鸭子配五只母鸭子。但是话说到这儿，还得提醒您，同样是北京鸭，端到饭桌上，也分三六九等。

● **采访柴国祥** （北京金星鸭业副总经理、南口种鸭场党支部书记）

实际上，到了商品代这一层次的时候，再往下就不能做种鸭了。但是咱们的一些农民客户为了省钱，虽然父母代和商品代的价格不一样，他们却用商品代来做种鸭。

很多农户为了节约成本，把商品鸭当种鸭，这么一来，价格是便宜了，可是这样的鸭子很可能出现近亲结婚生子、发育不良等问题，所以端到您饭桌上的鸭子，就有大有小、有肥有瘦了。所以优等的北

优等的北京鸭

京鸭，既要有正宗的祖系，又必须要有正宗的饲养，不仅如此，从2008年7月开始，每一只来自金星鸭业中心的北京鸭，都能进行质量安全的监控。也就是说，您吃到的北京烤鸭，它生前什么样？父母是谁？如何长大的？都是有据可查。

为什么北京烤鸭非得烤北京鸭，别的品种不行吗？比如南京板鸭，用的就是一种叫"麻鸭"的鸭子，这种鸭子能不能烤？要回答这个问题，得从北京烤鸭这道菜诞生的那天说起。

一方水土养一方鸭子

北京烤鸭为什么非得烤"北京鸭"才正宗。这话得从明代说起。话说早在朱元璋建都南京的时候，宫廷里就有烤鸭这道菜了。后来朱棣迁都北京之后，也把烤鸭技术带到了北京。

那会儿北京有一种肉鸭，常年在通惠河里生活。众所周知，当年的通惠河每天都有很多的粮船往来，难免散落点粮食，慢慢的河里的粮食就成了河鸭的主要饲料。俗话说"一方水土养一方人"，咱这是"一种水土养一方鸭子"。久而久之，吃粮食长大的鸭子就演变成了北京特有的肉鸭品种。这种鸭子膘肥体壮、脂肪丰满，烤出来是香气扑鼻，肥而不腻。这才形成了北京烤鸭的特色，别的种类的鸭子是断然烤不出这种水平的。

采访胡胜强

但是话说回来，那会儿这种鸭子还不叫北京鸭，而是叫白鸭，那么什么时候改名的呢？

● **采访胡胜强**（农业技术推广研究员、北京鸭育种专家）

原来是在十九世纪七十年代，北京白鸭就已经输送到国外，因为它是来自于北京，大家就管它叫北京鸭了。

当时有文章这样写道：（北京鸭）样品既出，社会耳目为之一新，绅士名媛，交与不置。购者骤多，供给缺乏。一时价格腾贵，每卵一枚，当金元一元之价，美国社会，遂有鸭即金砖之荣称。

您听听，一个鸭蛋就顶一个金币呐。其实在北京鸭出口之前，这种鸭子在国内早就受到重视了。早在明朝，为了让皇帝随时能吃到地道的北京烤鸭，玉泉山就开始人工饲养北京鸭。那会儿民间的北京烤鸭店，像我们熟悉的便宜坊，用的也都是地道的北京鸭。但是今天的烤鸭店，用的可就不都是北京鸭了。

名不副实：混血北京鸭

人才市场热衷于"海归"，明星选美偏爱"混血"，但北京烤鸭追求的是地地道道的土著。可现在有些饭馆里所烤的鸭子，并非地道的北京鸭，而是外国混血。这话怎讲呢？话说清朝北京鸭出口到美国英国之后，跟当地鸭子杂交串了种，一百多年后现如今人家又回到了中国。

● **采访胡胜强**（农业技术推广研究员、北京鸭育种专家）

北京鸭应该说为世界肉鸭的发展做出了很突出的贡献。

虽然有些烤鸭店用的鸭子都是北京鸭的后代，但已经不具备正宗北京鸭的特质了，但是这种鸭子成本相对比较低，所以同样是烤鸭，才会出现几十块钱到二三百块钱不等的价格差异了。

活鸭子咱们看得挺明白了，但是咱们在饭馆吃烤鸭，不可能上人家后厨啊。等鸭子端到咱们眼前的时候，已经是四脚朝天，熟的了。这时候咱们究竟应该通过哪些细节来辨别这只鸭子生前是不是血统纯正、土生土长的北京鸭呢。为了眼见为实，我们跟着金星鸭业的送货车，来到了位于建国门附近的一家烤鸭店。可以肯定的是，这里的烤鸭，是金星鸭业专门提供的正宗北京鸭。

慧眼识鸭：辨别正宗北京烤鸭

不知道您注意过没有，好多烤鸭店，厨师都会当着您的面儿片鸭子，为的是让您看清楚这鸭子的质量。但是究竟看什么呢？

片鸭子

● **采访柴国祥**（北京金星鸭业副总经理、南口种鸭场党支部书记）

鸭子给您上餐桌都是肚子朝上的，没有背朝上的，可以看见它的腹部很丰满不塌陷，如果烤完了塌陷了就不好了。

除此之外，还得看鸭皮。

● **采访柴国祥**（北京金星鸭业副总经理、南口种鸭场党支部书记）

烤完了，鸭皮一般有8毫米厚。

鸭子皮足足8毫米厚，这怎么可能呢？猪皮也不过如此了，一只小小的鸭子，皮怎么会那么厚呢？这哪儿嚼得动啊？

● **采访柴国祥**（北京金星鸭业副总经理、南口种鸭场党支部书记）

它的皮很薄，但是皮下脂肪有一定的量。烤完了的时候，脂肪和皮就成一体的了，它才能够有这么厚。

原来鸭皮的厚度来自皮下脂肪。北京鸭最大的特点，就是脂肪含量高，据说金星鸭业要求每只鸭子的脂肪含量必须达到37%，烤出来还必须肥而不腻，这就考验烤鸭师傅的功力了。得让北京鸭丰富的皮下脂肪全部融入鸭皮里，烤到蜂窝状。所以您看这一刀下去，皮肉是分离的，中间的脂肪早就烤没了。

这样的鸭皮，讲究的是入口即化，一点油腻感都没有。

● **采访柴国祥**（北京金星鸭业副总经理、南口种鸭场党支部书记）

我没做过这样的实验，他们做过这样的实验。最漂亮的鸭子，特别是烤出的胸皮，在桌子上铺一张白纸，一只手拿着这张皮，另一只手弹着，把皮弹碎了，底下的白纸上不能有油。

据烤鸭店的老板说，北京鸭还有个特点，就是香气扑鼻。

● **采访刘恩来**（鸭王建国门店）

喂鸭子的饲料80%取决于粮食。粮食喂鸭子之后，肉质是比较香的，所以金星鸭业的鸭子是最好的首选品。

您听听，北京鸭从明朝到现在，几百年来从血统到饮食习惯竟然都能保持不变，实在难得。现在好多人都反映，传统美食不是原来那个味儿了。咱们不妨也问一句，今天所谓正宗的北京烤鸭，跟古代皇帝吃的一样吗？

● **采访柴国祥**（北京金星鸭业副总经理、南口种鸭场党支部书记）

说起来的话，应该比那阵儿还好。为什么呢？因为北京烤鸭能在四十五天之内出栏，大概也就是二十年以内的事。出来的时间越短，它达到的品质才嫩，岁数小呀！

您听听，咱们现在吃到的北京鸭，不仅保证了历史特点，而且成长速度更快了，能够提前达到标准体重，越年轻的鸭子，肉质越嫩啊。

话说到这儿，还得提醒您一点，烤鸭烤鸭，除了鸭子得好，烤法也很关键。通常情况下，烤鸭炉的边上都会放一个铁壶，盛满热水。按照常规，一只鸭子大约得烤六十分钟左右。但是架不住有的顾客心急啊，一个劲儿地催。无奈之下，烤鸭师傅只能把准备好的热水往鸭肚子里灌，里外加热，立马就熟了，但是这么一来，味道口感可就差远了。

所以我建议大家，想吃到最好的烤鸭，除了选好烤鸭店，辨认清楚正宗的北京鸭之外，最好提前预订，不能心急。

说了这么半天，北京鸭这么金贵，关系到北京烤鸭的正宗与否。为什么金星鸭业能够成为育种的源头呢？这话得从咱们熟悉的莲花池公园说起。

昔日养鸭场 今日莲花池

早在解放之前，民间没有大规模的圈养北京鸭，只有老百姓零零散散地在自家院儿里养几只。直到解放以后，十几个小战士在莲花池这儿建了一座机关服务小农场，其中就养了几只北京鸭。您不用怀疑它们的血统，那时候还没改革开放，混血的北京鸭还旅居国外呢。

谁都没想到，随着时间的推移，莲花池的北京鸭数量越来越多，规模越来越大，逐渐形成了莲花池鸭场，这就是金星鸭业的前身，也是我国第一个大规模饲养北京鸭的地方。

莲花池公园

后来莲花池鸭场几经周折，搬到了昌平区的南口，才开始改名叫金星鸭业南口育种基地。为了让北京人了解北京鸭的历史，知道北京鸭的价值，金星鸭业的工作人员曾经在老场旧址，也就是莲花池公园，特意放养了六只北京鸭。一公五母，一夫五妻，正好一家子，只可惜现在我们已经看不到它们了。但是北京鸭的历史，和北京烤鸭一样，是咱们北京传统的文化遗产，下次您再吃烤鸭的时候，别忘了用我们教您的几招，来辨别一下您吃的北京烤鸭到底正宗不正宗。

和珅在京遗迹

历史中的和珅是一个什么样的人物，

一生中又留下了哪些不为人知的事情呢？

中国航空博物馆

说到博物馆，通常给人的印象是雄伟高大的厅堂，

宽敞明亮的展室，而咱这个航空博物馆啊，

不到跟前恐怕都看不到它。

荣禄鼻烟壶

今天咱们接着翻开荣禄陪葬品之鼻烟壶篇，

去见识一下这些曾经在荣禄手中把玩过的玩意儿，

到底有什么与众不同。

和珅在京遗迹

历史中的和珅是一个什么样的人物，一生中又留下了哪些不为人知的事情呢？

十几年前，一部电视剧《宰相刘罗锅》让和珅借着刘墉的光儿火了一把，十几年后，续集成瘾的《铁齿铜牙纪晓岚》将息影多年的和大人再次推上荧屏，这一炮而红后便不可收拾，那么历史中的和珅是一个什么样的人物，一生中又留下了哪些不为人知的事情呢？

● **和珅在京档案**

姓　　名：和珅

婚姻状况：据说妻妾共24名，情人无数。

特　　长：吟诗唱戏、写字作画，还有就是爱敛财，赚钱且风流成性。精通满汉藏维四种语言，属于一专多能的复合型人才。

人生目标：拥国色天香、玩绝世珍宝。

职　　称：只通过了乡试，没考中举人，也就相当于一个小科员。

职　　位：大清朝的官基本上都当过一遍。

单亲家庭：西城区驴肉胡同

在北京西四北边儿，有八条分别以北头条至北八条命名的胡同，

西四北头条

二百多年前，一个未来清代贪官的代表人物，和珅和大人，就出生在西四北头条。那会儿的西四北头条，因为挨着个驴肉市场，所以叫驴肉胡同，当年和珅就出生在这儿。和珅属于正红旗子弟，而驴肉胡同，当时就是正红旗的家属区。

咱们的和大人出身挺苦，3岁就没了妈，老爸是个武官，常年不着家，根本没工夫照顾和珅，可以说和珅是在既缺父爱、又缺母爱的环境中长大的，心理健康情况令人担忧。

1911年，一批当时的雅人发起了一场胡同改名热，驴肉胡同改成了雅路胡同，至今这个叫法依然存在。我们在西四北头条没能找到和珅出生的确切门牌号，虽然这条胡同里至今还有几套像样的四合院，但依照他们家当时的生活条件推测，估计这宅子被保留下来的可能性不大。

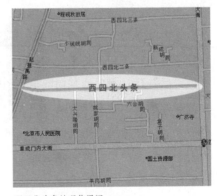

西四北头条地理位置图

其实西四北头条在元朝的时候就是富人区，因为离国家机关比较近，住着不少达官显贵。清朝的时候，虽然胡同格局发生了细微的变化，街道窄了不少，还开始分了岔，但是在当时这儿依然是好地段儿，房价低不了，能住得起的必定非富即贵，如此推测，和珅当年在这儿也算是富人区里的平民了。

重点学校：咸安宫

当年录取和珅的学校，就是西华门一进门路北边的咸安宫。从

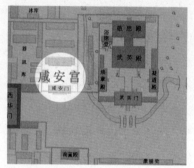

咸安宫地理位置图

清朝紫禁城的地图上不难看出，咸安宫隔壁就是武英殿，而和大人的冤家对头兼同事纪晓岚，曾经就在武英殿上班。按两人相差二十多岁的年龄推算，纪晓岚在武英殿上班的时候，和珅极有可能就在隔壁的咸安宫上课，可见两人缘分不浅。

咸安宫官学主要招收内务府及八旗官员的优秀子弟，也就相当于重点高干子弟学校，还得择优录取。和珅在这儿接受了包括多门语言在内的系统学习，西华门顺理成章地成为了和珅每天上学的必经之路。估计当年西华门的保安都没能想到，这个天天从自己鼻尖儿底下蹦蹦跳跳走进西华门去上课的青春少年，若干年后能够成为中国首富、当朝权臣。

西华门

和珅从小就机灵，他除了每天的必修课之外，还给自己额外增加了课外作业，到处搜集乾隆的作品，刻苦模仿乾隆的字体，将乾隆的诗词歌赋倒背如流，真不知道他是真正崇拜乾隆皇帝，还是为日后讨好领导作准备。更有传说，晚期乾隆的很多御笔，都极有可能是和珅代笔的。如此说来，这和大人的字儿还真不一定比乾隆爷的廉价多少。

办公地点：军机处

在故宫乾清门广场西边有几间矮房，跟故宫里的琼楼玉宇比起来略显简陋，这儿其实就是值班室，军机大臣在这里轮流值班，等着皇帝的召唤。这对于大清朝的文武百官来说，都是种荣幸。当年的和大人不仅精明能干，而且善于察言观色，很快就得到了顶头上司乾隆皇帝的赏识，随后和珅就像坐直升机一样，职务和地位都直线上升，几乎把大清朝各种高官都做了一遍。

军机处

27岁的和珅被任命为军机大臣，当年在军机处任职的还有包括福康安在内的五个人，除了福康安，其他几个军机大臣都不待见和珅，结果就出现了五位大臣每天不坐在一起办公的奇特现象。

作为领导，乾隆爷对和珅不仅在工作上提拔，在生活上对他也是关爱有加，乾隆把自己最心爱的十女儿固伦和孝公主许配给了和珅的长子丰绅殷德，从此和珅又成了皇亲国戚，这相差三十九岁的君臣二人成了亲家，这么上赶着降低自己辈分和身份的主子，在等级制度森严的封建社会还真不多见。关于和珅得宠，还有另外一种说法，说是和珅男身女相，长得极像乾隆皇帝的初恋情人年妃，而和珅的出生日期刚好是年妃的祭日，所以咱这位乾隆爷坚信和珅就是年妃转世，才对他如此宠爱。这事儿是真是假姑且不加评论，我们倒觉得乾隆爷、和珅都是情种，有共同语言也是情理之中的事儿。

金屋藏娇：和珅家庙(柳荫街24号)

柳荫街

在北京地安门后海之滨，有一条不算长也不太宽的南北向街道，因街道东西两侧垂柳成荫，故名柳荫街。柳荫街24号院正好位于这条街道的中部，这就是和珅的家庙。这地方实际上也是和珅的藏娇之所。

看画像就知道，和珅长的挺帅，而且据说还风度翩翩，精明能干，特有生活情趣。他这一辈子妻妾成群，其中最漂亮的两个人都曾经住在这座家庙里。柳荫街24号就在恭王府花园西门对面，想象当

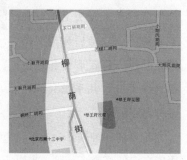

柳荫街地理位置图

恭王府花园西门

年，和大人出了花园，在这柳树成荫的胡同里溜溜达达地直奔家庙，心里美滋滋地想着两位红颜知己，人家那日子过的才叫滋润，美！

如今的柳荫街24号已经成为了私宅，院子里的格局我们无缘一见，就在这扇朱红大门之内，当年是怎样的月上柳梢头，人约黄昏后，又是如何的风花雪月，今天的我们基本只能靠想了。

和珅家庙

80

公款装修：北大未名湖

未名湖

走进北大，不得不提未名湖，继而就说到和珅和大人的故事了。过去有钱人都讲究置房子置地，官儿大到了一定的程度，主子还动不动的送个花园别墅什么的，比奖金实惠得多。未名湖一带就是当年乾隆爷送给和珅的花园儿，叫淑春园。淑春园离颐和园挺近，乾隆爷大半年都不着家，就在圆明园办公，和珅为了方便追随，也经常住在这儿。和大人负责修建颐和园的时候，搂草打兔子，顺手把自己的淑春园装修了一番，当然花的是公款。不仅如此，他还盗版圆明园的装修方案，加入了

淑春园

不少逾制的设计，比如未名湖中的石舫就是其中之一。

和大人是个懂得享受生活的人，他走过的地方，可以说是处处有珍宝、步步有女人，听说这园子曾经就是和珅的一个搜集天下美色的地方，有些人不方便往恭亲王府里送，干脆就安置在这

石舫

里，工作之余可以消遣，还免得那么多老婆聚在一块出什么乱子。

家庭住址：恭亲王府

家对于和珅来说，最重要的两个作用，一是藏美女，二就是藏宝贝，恭王府就是他的家。和珅的人生目标就是十个字：拥国色天香、

恭王府地理位置图

玩绝世珍宝。当年在恭王府数不清的房子里，可谓是处处金库藏金，处处金屋藏娇。和珅在财和色的问题上，基本属于想什么有什么，关键是人家有这个本钱，连长得如此困难的纪晓岚在那个年代都妻妾成群，英俊潇洒的和珅多几个老婆也是情理之中的。想象当年这座恭王府里满眼花红柳绿，处处笑语盈盈，着实有点人间仙境的意思。尽管如此，和珅与元配老婆冯氏恩爱有加，并非其他妻妾可比。如此看来，咱们的和大人既多情，又专情。

恭王府内一景

恭王府见证了和珅一生中最辉煌的阶段，也记载下了他走向堕落的每一个脚印，最终目睹了三尺白绫下的悲剧结局。和珅一生没少树敌，最后也落了个不得好死的下场，他跟纪晓岚、刘墉等等所谓的好人清官斗了一辈子，除了赚了个臭名昭著的恶名，还有就是这些生不带来、死不带走的功名利禄了。

其实每个人的一生都是一部戏，只不过和珅的特别之处在于人生戏剧元素比较丰富，至少可以分别拍成偶像言情剧、社会伦理剧，甚至是家庭情景喜剧等等等等，和大人若能活到现在，光是卖影视剧版权就够他吃一阵子了。

中国航空博物馆

来到北京北郊的大汤山脚下，远远就能看到一架高架起来，昂首冲天的银白色战斗机。这可不是模型，而是一架真正的歼—12歼击机。而陈列这飞机的地方就是亚洲最大、世界排行前列的中国航空博物馆。

歼—12歼击机

别有洞天：深藏在大山里的博物馆

说到博物馆，通常给人的印象是雄伟高大的厅堂，宽敞明亮的展室，而咱这个航空博物馆啊，不到跟前恐怕都看不到它。在一座绿树成荫的大山下，有一个拱形大门，敢情这个博物馆是建在大山里头呀。

这个山洞可真够大的，这里原来是一个飞机的战备洞库，长580米，宽40米，高11米。从洞库到外面的战备跑道上，摆满

博物馆正门

了各种各样的飞机。其中有歼击机、轰炸机、强击机、直升机、侦察机、教练机、运输机、水上飞机等。还有这架外国朋友赠送的被称为"空中眼科医院"的医疗飞机。

水上飞机

医疗飞机

博物馆总共有115个型号，297架飞机，各种航空武器装备样品有5000多件。要知道这里边有许多展品已经被列为国家一级文物，还有不少是世界罕见的航空珍品呢。

昔日王牌：经历战火的二战名机

自从美国的莱特兄弟1903年发明了飞机，这一工具很快就用到了战争中去，特别是第二次世界大战期间，作战飞机从数量到性能都有了非常大的发展。航空博物馆里的这些飞机有很多是参加过二战并立下了赫赫战功的空中"王牌"。

莱特兄弟

拉11歼击机

您瞧这架前苏联制造的拉11歼击机，就是苏联红军打击德国法西斯的主力战斗机。特别值得一提的是这种型号的飞机目前全世界已经没有几架了，就连它的老家俄罗斯现在都很难找到。眼下咱看到的这架拉11，据说是好不容易从一个废弃场堪摸出来的，真是无价之宝啊。

还有这架美国制造的P51式战斗机，又叫"野马"式。不少观众可能在一些二战题材的电影里头见过。当年在太平洋和中国战场上，许多日本的"零"式战斗机就是被"野马"给揍下来的。咱解放军刚成立空军的时候，也

P51式战斗机

用缴获来的P51飞机装备了自己。1949年10月1日开国大典上，9架P51战斗机飞过了天安门广场，人民空军第一次接受了毛主席的检阅。

见证历史：毛主席当年乘坐过的飞机

毛主席专机

在航空博物馆的陈列场上，有这样一架编号为4202的轻型运输机，它就是被称做"毛主席专机"的苏制伊尔14飞机。他老人家在上个世纪五十年代，就乘坐过这种型号的飞机巡视大江南北。

现在这架飞机上的陈设，从办公桌到休息用的床铺依然保持着原样，挂在机舱里的几幅照片纪录下了毛主席当年在飞机上办公的场景。今儿个咱普通老百姓可以走进这架飞机来瞧瞧，也算亲眼见证了历史吧。

旗开得胜：威震长空的英雄战鹰

解放前咱们中国贫穷落后，所以经常受外国侵略者的飞机欺负，自打咱新中国有了空军，那可就不一样了。抗美援朝战争爆发后，咱的飞机就在朝鲜和美国飞机交手干了起来。在航空博物馆里陈列的米格15

米格15歼击机

歼击机，就是当年志愿军空军的英雄使用过的。

从1951年1月29日首开记录，志愿军用米格15歼击机打下了美国侵略者的飞机，而后又开辟了一个美国飞机不敢沾边的"米格走廊"，到了1953年7月朝鲜战争停战，志愿军空军一共击落美国飞机330多架，真是打出了国威，打出了军威啊。就连当时美国空军的参谋长范登堡也不得不承认，中国几乎是在一夜之间就成了世界上的空军强国之一。

化敌为友：曾在蓝天殊死拼杀的对手

高翔

航空博物馆里的每一架飞机都有不平凡的经历。1965年9月20日，美国的一架F104战斗机入侵到我国海南岛上空，当时是海军航空兵大队长的高翔和他的战友，驾驶我国自行制造的歼6双机起飞迎敌。高翔从距离敌机

歼6型歼击机

290米处向敌机开炮，一直打到39米，当场就把F104打了个空中开花。美国飞行员史密斯跳伞以后，也成了俘虏。

24年以后，退役后的史密

斯在80年代末来到了中国，又与高翔见面了。这两位曾经在空中拼刺刀的对手聚在了一起，一聊就是四个钟头，两人成了好朋友。

高翔与史密斯

辉煌历程：中国航空装备的发展回顾

新中国成立以后，中国航空工业从无到有、从小到大发展了起

初教5飞机

来，航空博物馆里的每一架国产飞机都经历了这一段辉煌的历史进程。这架初教5飞机1954年7月21日试飞成功，它是仿制前苏联雅克18教练机。随后我国又开始制造喷气式战斗机，从歼5、歼6、歼7、歼8B，从亚音速到超音速，从只有航炮到携带导弹，真是长江后浪推前浪，一代更比一代强啊。还有这架我国自行设计制造

的强5型强击机。1972年1月7日，曾经成功地投掷了第一颗实战氢弹，您说厉害不厉害。

我们带您在航空博物馆里走马观花地转了这么一圈，是不是就觉得挺有意思的。其实这里可看的东

强5型强击机

西还多着呢，不管您是航空爱好者还是军事发烧友，到这里看看，相信肯定会有很大的收获。

北京卫视
播出时间：每周二 21：35
BTV公共频道
播出时间：每周日 11：35

荣禄鼻烟壶

今天咱们接着翻开荣禄陪葬品之鼻烟壶篇，去见识一下这些曾经在荣禄手中把玩过的玩意儿，到底有什么与众不同。

我们曾经给您介绍过首都博物馆里，荣禄陪葬品中的"金葫芦、翡翠饰品"，但是还有一类没给您介绍过：这就是鼻烟壶。今天，咱们就见识一下这些曾经在荣禄手中把玩过的玩意儿，到底有什么与众不同。

第一个露脸儿的就是这个晶莹剔透的料器套红鼻烟壶。所谓料器，就是玻璃器，身价自然是没法跟翡翠、玉器相比，但这个鼻烟壶可不是平庸之物，人家的档次高在了做工上。

料器套红鼻烟壶

● 采访首都博物馆保管部保管员刑鹏

这个鼻烟壶采用的是套色工艺。所谓套色工艺，是说它上下有两层玻璃料，底下一层料预先制作成胎体形状进行烧制，烧制好了以后，到宫廷的玻璃厂里再进行套烧，套烧就是根据它的纹饰需要，第二次补烧。这种工艺是比较复杂的，因此价格比较昂贵，这种料一般在市场上很少能见到。

据说套烧工艺在康熙年间已经出现了，而我们眼前的这个套红鼻烟壶出土自朝阳门外高碑店乡西花营村的荣禄墓。您看这上边的鸳鸯戏水图案，体现的依然是爱情主题，极具荣禄陪葬品的纹饰特色。

随后工作人员从锦盒中取出了两个通体翠绿的翡翠，论价值，这哥俩应该算是陪葬品家族中的显贵了。

● 采访刑鹏

同时有文献记载，说翠这种材质一般都用做配饰，比如说翠牌子、翠佛像等，而做成烟壶的比较少，为什么呢？首先翠烟壶采用的料比较大，而且为了实用，还要把内膛掏出去。而我们看到的这种烟壶，口是非常小的，要进入里面掏内膛，这个工艺难度是比较大的，并且掏出去的下脚料就没法再用了，这是一个很大的浪费，所以翠烟壶无论在国内还是国外都是比较少见的。第二点呢，大家知道玉是用金刚砂带水进行琢磨后才能雕刻的，所谓玉不琢不成器。然而翠的硬度比玉还要高，它的雕刻工艺难度就显而易见了。这种素面的翠烟壶，从它的透明度、形制以及雕刻工艺看都是非常好的一种，可以算做是精品了。

刚才这件是素面的，同时我们看到荣禄墓里还出土了一件浮雕翠烟壶，上面雕刻有精美的螭虎纹。在翠上浮雕纹饰，本身就是比较难的，并且它的雕刻工艺是浅浮雕。浅浮雕是什么概念呢，就是主体纹饰高于器体表面的纹饰，在

翠烟壶

雕刻的时候就要把烟壶需要的纹饰保留下来，把不需要纹饰的地方统统磨掉，这是一个耗时耗力的大工程。

螭虎

上面雕刻的螭虎，是传说中的神物，长得像龙，但是没有犄角。这种图案在古代配饰乃至家居装饰中都很常见，大概也是身份的象征吧。

不仅如此，这哥俩的用料也都是极品，工作人员还特意找来手电，为我们展示翠料的通透。如此看来，眼

前这对翡翠鼻烟壶，即便不是价值连城，也是可抵千金的富贵之身了。

和田白玉鼻烟壶

最后露脸的是一个相貌平平的和田白玉鼻烟壶，我们透过轻薄的瓶壁隐隐看到瓶子里右半部残留异物，是荣禄当年残留下来的鼻烟儿，还是其他什么东西，我们就不得而知了。

北京卫视
播出时间：每周二 21：35
BTV公共频道
播出时间：每周日 11：35

纳兰明珠在京遗迹

今天咱们就让纳兰明珠扬眉吐气一把，

一起去看看他在北京留下了哪些新鲜故事。

中国紫檀博物馆

中国紫檀博物馆，是一个集收藏、陈列、鉴赏、

研究于一体的专题性博物馆，它的创办，

在世界各国博物馆的品类中也是独一无二的。

文物保护背后的故事之颐和园篇

您就拿这个颐和园来说吧，

虽然是清朝的产物，

但是里面很多建筑并不是同一个历史时期的，

那么话说到这儿，我想问问您，

您知道应该怎么区分吗？

纳兰明珠在京遗迹

今天咱们就让纳兰明珠扬眉吐气一把，一起去看看他在北京留下了哪些新鲜故事。

细数清朝十二位皇帝，如今在电视剧里出镜率比较高的当数咱们的康熙爷。康熙大帝自己蹿红还不算，顺手带红了不少老部下，诸如鳌拜、索尼、吴三桂、索额图，再有就是咱们今天的主角儿纳兰明珠。明珠身为一代权臣，却名不见经传，沾着儿子纳兰性德的光偶尔被人顺手提提。今天咱们就让纳兰明珠扬眉吐气一把，一起去看看他在北京留下了哪些新鲜故事。

● 纳兰明珠在京档案

姓　　名：纳兰明珠

民　　族：满族

出生日期：1635年11月19日

享　　年：73岁

婚姻状况：娶了多尔衮的侄女觉罗氏。

家庭成员：长子纳兰性德

性格特征：表面谦和，内心阴险。

工作业绩：支持裁撤三藩，协助收复台湾。

家庭住址：醇亲王府(什刹海北沿)

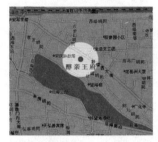

醇亲王府地理位置图

如今在什刹海一片，数一数二的王府一是恭王府，二就是醇亲王府了。现在后海的醇亲王府的前身的第一任主人就是纳兰明珠。其实说来，明珠跟清末著名的慈禧太后还算是一家人，都出身于大名鼎鼎的叶赫那拉家族，叶赫那拉曾是满族中的望族，但早在努尔哈赤时代，爱新觉

罗就跟叶赫那拉家结下了仇，可以说明珠有点生不逢时，他老爸当年只落个骑督卫的职位，大概也就相当于现在的司机班班长。到了明珠这，一没背景，二没钱，也只能当当

醇亲王府内一景

云麾使，主要负责皇帝出巡时的车驾仪仗。不过这皇帝的司机班里还真没少出人才，联想到乾隆期的和珅和大人，也是从一个轿夫混到了当朝权臣、全国首富的份儿上，总结两人的共同之处，才发现原来这明珠、和珅二人学历都不低，都是文化人，还都挺善于感情投资，以此弥补了家庭条件的先天不足。

成家立业：英亲王府(东华门大街)

英亲王府位于东城区东华门大街智德前巷11号，现在是北京市第27中的所在地，英亲王的哥哥阿济格是多尔衮的亲哥哥，也是明珠的岳父。有人说明珠是因为娶了英亲王的女儿，攀了高枝儿才一路青云直

英亲王府地理位置图

上，这说法要让咱们的明珠听见了肯定得喊冤。这还得从英亲王家的荣辱兴衰说起。

● 采访北京史地民俗学会副会长张宝章

多尔衮的一个近侍来告发阿济格，在皇帝面前说，阿济格在护送多尔衮的灵柩到德胜门的时候，他还是身带佩刀、举动叵测、妄图背叛。皇帝就把阿济格撤销了王爵然后监禁起来。阿济格不死心，企图越狱，这事禀报了皇上，顺治就赐他自尽，阿济格的家族就彻底破败，进入了走投无路的困境。

这个事情发生在顺治八年，也就是在这一年，明珠娶了阿济格的女儿觉罗氏，所以到明珠成婚的时候，他老岳父家已经基本上是家破人亡了，非但不能

门墩

成为他在官场上扶摇直上的电梯，这其中还暗含着很多风险。要说这明珠在感情方面还真算是个勇于追求真爱的男人。

如今英亲王阿济格的王府原址上已经建起了北京市第27中学，只有这个门墩还是当年王府的原物，见证过这片地界儿曾经的风云变幻。要说明珠也真是命不太好，无论是出身还是成家都没赶上好时候，看来这自力更生、艰苦创业是咱们明珠大学士早就命中注定的了。

工作地点：武英殿 六部口

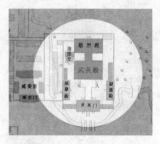

武英殿地理位置图

故宫西路的武英殿，按地理位置看似乎算不上什么重要的建筑，但当年孝庄顺治母子正是在这第一次接受文武百官的朝拜。这可不是人家主动选择武英殿，只是因为当年李自成撤离北京的时候烧了

武英殿

故宫，就剩下武英殿这么一座像样的建筑了。所以说，这武英殿是命中注定了要名扬天下。

明珠曾经被任命为武英殿大学士。大学士的工作职能，大概相当于皇帝的政策顾问。顺治要想下个什么诏书定个什么法律，都得跟大学士们商量着来。大学士们离皇帝比较近，还对官员的升迁有一定的影响力，因此挺受人尊重。

武英殿只是明珠的工作地点之一，他的另外几个办公场所都集中在今天的六部口一带。清朝政府机关分为六部，六部口就是因此而得名。明珠曾经在刑部、兵部、礼部、吏部四个部门工作过。他早年之所以这么官

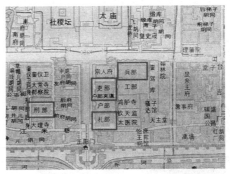

刑部、兵部、礼部、吏部地理位置图

运亨通，首先是因为人家有才，再有就是明珠比较会做人，人缘好，会处事儿，遇人嘘寒问暖，善于笼络人心，更是审时度势。当年铲除鳌拜，明珠就不左不右不掺和，坐山观虎斗，稳稳当当地往上爬，关键时刻人家也恰到好处地出出风头。裁撤三藩的时候，明珠摸透了领导的心思，决定支持康熙武力撤藩，从而赢得了不少感情分。撤藩成功之后，明珠被康熙帝正式认定为自己人，同时他也在死对头索额图面前扬眉吐气了一回。

结党营私：直郡王府(后半壁街西口)

看过电视剧《康熙王朝》的人都应该知道，明珠跟索额图两人的

罪状都是结党营私。明珠所在的组织称为"长子党"，这个长子，就是明珠的外甥、康熙的儿子，排序为长的直郡王胤褆。关于直郡王府所在的位置，史书上并没有明确的记载，只说在丁家井。在《乾隆京城全图》上，我们也没有找到丁家井这个地名，由此可见，这个地名在乾隆年间就很可能已经消失，另有人据史料推测，直郡王府应该就在西直门内半壁街西口一带。

● 采访张宝章

明珠早期比较有点资本的背景就是皇长子胤褆，明珠是他的舅舅，所以以他舅舅为领袖，组织起了反太子党，就是皇长子集团。他们想办法打击和削弱皇太子的势力，因为皇太子这个集团的势力实在是太大了。康熙皇帝为了寻得平衡，就把明珠提为武英殿大学士，他的地位仅次于索额图，这样来取得平衡。这样一来呢，明珠的势力就大大地发展起来。

明珠祠堂：龙王圣母庙(海淀上庄)

海淀上庄

早在清朝，海淀上庄一带产权归明珠家所有，如今这里因为明珠的儿子纳兰性德为人所熟悉，却很少有人知道这片家业是当年明珠一手创下的。据说在明珠获罪之后，几代子孙靠这点儿遗产，照样过着中产阶级生活，以致乾隆年间的全国首富和珅都对纳兰家产馋涎欲滴，由此可见明珠积攒的家底儿有多厚实了。

上庄有座龙王圣母庙，又被称为明珠祠堂，据说明珠的牌位，就曾经供奉在第三进大殿里。如今

龙王圣母庙

的龙母庙已经成为了二六一医院的产业，原来供奉明珠牌位的大殿也成为了药品仓库，平日里龙母庙的大门紧锁，禁止游人参观。在二六一医院的工作人员的积极配合之下，我们才见到眼前难得的景象。这座龙母庙，是明珠的大管家安尚仁依照明珠的遗嘱进行修缮的。相传当年大管家安尚仁借修庙的机会吃回扣，狠狠地捞了一笔，也加上纳兰家家大业大不在乎这点，牙缝里挤出来点东西就够下人们享受大半辈子了。

明珠家庙：东岳庙(海淀上庄)

明珠家庙：东岳庙

离龙母庙不远，就是明珠家庙东岳庙。廊檐屋脊之中，雕梁画栋之间，纳兰家当年的权势地位可见一斑。虽然如今东岳庙的环境只能用"脏乱差"来概括，但遥想当年，这里比紫禁城的门槛儿低不了多少。

俗话说，撑死胆大的，饿死胆小的，想当年明珠就是前者。人家倒也没把自己当外人，恨不得把国家财产都当成自己家的，穷奢极欲之时，他把大清的官衔明码标价，卖官鬻爵、结党营私，无恶不作。康熙起初对他一半是交情一半是利用，只好睁一只眼闭一只眼，但得寸必然进尺，明珠的肆无忌惮最终激怒了康熙，再加上同事们打点小报告、写写匿名信，明珠终于倒了台。但幸运的是官衔没了，命还在。后来康熙念旧情，又把他安排在自己身边工作，但彼时的明珠早已大势已去，无力回天了。

明珠与索额图争了一辈子，最终落了个两败俱伤，康熙捞了个渔翁得利。其实现在看来，当年得明、索二人相互依存、缺一不可，毕竟他们只是康熙手中的两个筹码，结果赌局没了，筹码也就失去意义了。总结明珠的一生，悲剧的起源不是贪婪，只是没弄明白为人臣子要摆正位置的道理而已。

中国紫檀博物馆

中国紫檀博物馆，是一个集收藏、陈列、鉴赏、研究于一体的专题性博物馆，它的创办，在世界各国博物馆的品类中也是独一无二的。

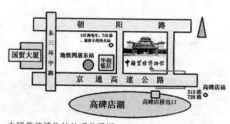
中国紫檀博物馆

中国紫檀博物馆，是一个集收藏、陈列、鉴赏、研究于一体的专题性博物馆，它的创办，在世界各国博物馆的品类中也是独一无二的。这个博物馆从1999年9月正式开馆到现在，已经接待了数以万计的参观者，其中既有国内外的政要高官、知名人士，也有许多喜欢紫檀工艺的普通老百姓，还配合国家的外事活动举办了各种专场展演，是很值得去瞧一瞧的。

中国紫檀博物馆地理位置图

寸檀寸金：珍稀的树种原料

说到紫檀，可是个稀罕物，这种树木想必在咱中国原先也有。孔老夫子那本《诗经》里"坎坎伐檀兮"，大概说的就是砍紫檀树的事儿，也可能是那个年头砍得忒狠了，到了明代，这紫檀树在咱这么大的中国

紫檀树

就很难找到了，加上这种树长得特别慢，按行家们的话叫做"百年长一寸，五寸方成材"，而且是"十檀九空"。自古就有"寸檀寸金"的说法，更别说用它制作成的各种家具和工艺品了。这紫檀博物馆上千件的紫檀制品，除了少数是明清古董外，绝大多数都是这二十年来新打造的。所用的材料，就是这博物馆的馆长陈丽华女士，带人深入中南半岛的雨林趟摸到的。这老太太不惜耗费巨资，八下南洋，历尽艰辛，搜寻购买，最后终于淘换来了几十万斤紫檀大料，又集中几百名工匠，盖了四十多个车间加工，才有今天这来之不易的紫檀珍品。

紫檀珍品

紫檀世界：万米展厅藏精品

紫檀工艺品

在这座富丽典雅的仿清建筑里，好家伙，这五层的紫檀宫展厅的面积有将近一万平方米，陈列着一千多件各式各样的紫檀制品。这些展品大体上分为两大类，一类是紫檀家具的实物，从插屏挂屏、长桌方凳、茶几条案到扶手椅、架子床，还有一类，就是这些雕刻精巧的紫檀工艺品，一水儿全都是原色原木，根本用不着油漆打蜡，这也是紫檀物件儿的一个特殊之处。就凭这一条您就能想象到，这紫檀博物馆里的这些物件儿有多值钱了，就论这些木材原料，那可就是一笔不小的财富啊。

古香古色：再现老北京民风民俗

紫檀器物历来为皇家所用，民间能用得上紫檀家具的自然就十

分稀少，而在这紫檀博物馆里，却别具匠心地设置了这样几个展厅，专门利用紫檀家具为我们展出了明清时期老北京的民情风俗，特别是这间传统喜房，里边的每一件陈设都是紫檀木制作的，也是严格按照明清时期大户人家娶媳妇儿的老理儿摆放的，

传统喜房

透着一种老北京的规矩。您瞧这边的方桌木椅，这边的喜台喜座、顶柜，床前的小敛箱，还有这两组灯架放的都得对称。这张大床雕刻得是玲珑剔透、十分讲究，里边安放的喜帐、喜帘、红色的被褥都显示出一种古香古色的喜庆和华贵，往上一躺，一准儿滋润。现如今就这喜房里这么一套陈设那可就值了老钱了，我想恐怕没几个人能置办得起。

角楼模型：巧夺天工的神秀之作

这紫檀宫里，顶数这些紫檀工艺品最抢眼。您瞧这《清明上河图》的大插屏、天坛祈年殿、紫禁城御花园千秋亭的模型，每一件都算得上是宝贝呀，而这宝中之宝还要数这故宫角楼的模型

《清明上河图》插屏

故宫角楼模型

了。咱都知道这真的角楼是在故宫的四角，传说当年修这角楼，样式必须按照皇上做梦见到的那样。工匠们没辙的时候，一个老头儿给了他们一个蝈蝈笼子。工匠们按照这蝈蝈笼子的样式一搭，嘿，成了！后来才听说这老头儿就是鲁班爷。这故事当然只是个传说，可这故宫角楼，九梁十八柱七十二条脊，愣是靠榫卯结构结合起来的可是真的呀。今儿个咱在紫檀博物馆里看到的这个四米多高的角楼模型，是根据故宫存留的角楼图纸，按照与实物一比五的比例制作的。没有用一根钉子，也没用一点胶，完全采取传统的榫卯插接，严丝合缝地给拼对起来的。这个故宫角楼模型光材料就用了四百多吨紫檀木料。四百多吨，那得多少棵紫檀树啊。正是因为如此，这个故宫角楼的模型被许多专家称赞为巧夺天工的神秀之作，规模空前的紫檀巨制。

榫卯结构

金銮宝殿：再现皇宫景象

要在明清时期的老北京，论最高贵最神圣的地方，那顶数紫禁城的金銮宝殿了。可今儿个故宫里的金銮宝殿早就不是皇帝老儿坐的了，而是咱普通老百姓参观游览的地方。在紫檀博物馆也有一个皇上龙椅，非常值得一瞧，这就是乾清宫贴金屏风宝座，所不同的是这个宝座完全是由红木制

龙椅

作的，又包贴了一层金箔。咱们通常所说的红木家具，就是这种红酸枝木，也是一种很珍贵的木材。人们到这里看到这么一堂与实物相等尺寸的仿真陈设，就好像站在故宫的乾清宫里，那气派、那阵势，似乎都透着一种至高无上的威严与尊贵。难怪2004年6月12日，德国的前总理科尔来紫檀博物馆参观的时候，破例在这个宝座上坐了一下，就感到了一种特别的荣耀。

北京卫视
播 出 时 间：每周二　21：35
BTV公共频道
播 出 时 间：每周日　11：35

文物保护背后的故事之颐和园篇

> 您就拿这个颐和园来说吧，虽然是清朝的产物，但是里面很多建筑并不是同一个历史时期的，那么话说到这儿，我想问问您，您知道应该怎么区分吗？

过去宫廷里面流行一种旅游项目，叫逛园子，逛的都是皇家园林，什么北海景山颐和园啊，进去之后既有湖光山色，又有亭台楼阁，可谓是美不胜收啊。现在这些个皇家园林都对外开放了，咱老百姓也有福分进去看看去了，您就拿这个颐和园来说吧，虽然是清朝的产物，但是里面很多建筑并不是同一个历史时期的，比如说里边有乾隆年间修建的，叫耕织图，有慈禧太后时修建的，叫水操学堂。那么话说到这儿，我想问问您，您知道应该怎么区分吗？

颐和园地理位置图

当乾隆遭遇慈禧：延赏斋、水操学堂

这话还得从1750年说起。当时，乾隆爷为了给母亲祝寿，修建了

乾隆

一座清漪园。在园子里还模仿江南水乡，辟出了十几亩的稻田，起名叫耕织图。为了能够让男耕女织尽收眼底，他就建了这座延赏斋用来观景。但不幸的是，1860年清漪园被英法联军给毁了。1866年的时候，慈禧老佛爷相上了这块地方，挪用海军经费三千万两白银，把清漪园改建成了今天的颐和园，为了掩人耳目，在耕织图的原址上盖起了水操学堂。时过境迁，如今学堂也不过就剩下十几间房子了。

延赏斋

2004年，北京市开始对颐和园进行环境整治，但是修到这儿的时候犯难了：是恢复水操学堂还是复建耕织图呢？专家组根据掌握的水操学堂遗存和发现的延赏斋地基，最终决定两组建筑都得恢复，可再不能留下遗憾了。

水操学堂

但毕竟这两组建筑在年代上差着辈分呢，既要两者兼得，又不能让游客糊涂，专家就想出了一个两全齐美的方法，让您一眼就能看出来，这是两组相隔百年的建筑。

● 采访高大伟（颐和园原总工程师兼副园长）

通过园林分割，空间分割，把不同的历史定格在不同的景区。这两个建筑并不完全平行，这边的建筑在彩画、级别、档次、风格上和那边的有明显的差异。故意留这么一些差异来提醒游人，这是不同历史时期的景观建筑。

说到它俩的不同，我还得再给您补充一点，这可不是专家刻意盖

彩画

成这样的，而是完全按照两组建筑的遗存地基复建出来的，这就叫做不改变文物原状。您瞧这么一来，不仅让乾隆爷跟慈禧老佛爷见了面，关键是把两个时期的建筑合理地融为了一体，定格在了这一个范围里，也算是给颐和园又添了一道新景儿。

从秦始皇修阿房宫到慈禧太后修颐和园，这园林的历史已经有两千多年了。这"园"和"林"说的不是一码事，"园"指的是亭台楼阁，"林"指的是园子里面点缀的花草树木。但是作为造园艺术来讲，这花草树木是必不可少的，而且每个园子里边都有自己保护花草的妙招。您注意过颐和园的参天古树有什么与众不同吗？

子承父业：颐和园古树景观

众所周知，颐和园堪称世界园林文化遗产中的经典之作，很多专家都说它是有生命的遗产，这"生命"说的就是这些点缀在亭台楼阁之间的花草树木。您发现它们在种植上有什么特别之处了吗？

您瞧瞧，凡是像这样的参天古树身边都有这么一棵小树陪着，仔细观察不难发现，这二位

颐和园一景

古树和小树

是同种不同龄，说白了就是岁数上差着辈分呢。可能有的朋友说了，这有什么稀罕的啊？哎，这您就有所不知了，这里边是另有玄机呀。

这些古树是颐和园景观的重要组成部分，它们都享受着特护级别的待

颐和园航拍图

遇,什么时候浇水,什么时候施肥,什么时候剪枝,乃至年龄、所在的位置,那都是登记在册的。而且每棵树还都有GPS全球定位,时时监测它们的"动向"。

但是树跟人一样的,也有生老病死。一旦这棵树没了,这地方的景观也自然就被破坏了。为了使颐和园的每处景观长存不衰,专家们都提前选好了接班人,种在这棵大树旁边。但什么时候选接班人,选什么样的接班人,也是有讲究的。

通常情况下,专家经过精密的观测,判断出每棵树的寿命,在它快要离开人世的十到二十年里,把接班人选好种上。等到老树辞世以后,接班人已经长成有用之材了。这么一来,园林树木不仅代代相传,关键是园林景观也益寿延年了。

无论是园林文化遗产还是古建文化遗产,这木雕上面的彩画都是非常重要的一部分,那怎么保护呢?以前节目里咱也介绍过,比如说历代帝王庙山门上面的彩画,保护起来就是拿这个荞麦皮和成面,然后呢,去沾尘除土,一来呢可以除尘,二来呢可以保护彩画,但是对于颐和园长廊上面的彩画,要是还用这个方法,那就远远不够了。

长廊彩画

彩画局部

身份证咱们人人都有,可您听说过这彩画也有身份证吗?我说的就是颐和园长廊上边这一万四千多幅彩画,它们的身份证用句专业术语说,那就是系统、完整的数字化档案库。包括彩画的作者、内容、年代以及和原型一样大小的彩照等等。

众所周知，文物修缮讲究的是修旧如旧，说白了就是既要带有沧桑古朴之感，而又不失完整，彩画保护也是如此。颐和园长廊的彩画早在1990年的时候，就以"世界最长画廊"的身份，被收录进了《吉尼斯世界纪录大全》。如此珍贵的彩

长廊彩画

画，自然得有一套独特的保护措施了。首先清扫除尘那是必不可少的，

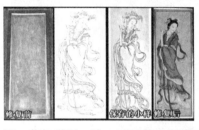

紧接着在原画上拓片，找专家修改，然后录入电脑上色，最后制成这样的复原图，这就是一幅彩画档案记录的全过程。不过咱们说着容易，做起来难度就相当大了。您知道吗，这一万四千多幅彩画的档案是专家花了三年的时间才整理完的。之所以下这么大工夫，就是为了永久保存彩画的本来面目，为以后的修复提供一个可靠的依据。

如今您再去颐和园看那些亭台楼阁，湖光山色，几百年过去了，现在看来还是富丽堂皇，光鲜

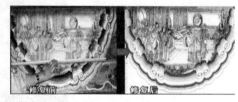

亮丽，这和文物部门的保护和修缮是分不开的。

刚才也讲到了，什么树木保护啊，彩画的修缮啊，水操学堂的空间分割啊，这些都是保护和修缮的N多种方法，但我问您，您知道颐和园哪个景修缮起来最费钱吗？

请勿靠近：园林遗产保护的新理念

"请勿靠近"这四个字听起来不太友善，但是您别太介意，这虽然是颐和园的心声，可不是对咱老百姓说的，而是另有所指。

六郎庄路

眼前这条马路是颐和园北门外的六郎庄路，早在2003年，北京市政部门为了有效提高北京城西北地区的供电能力，决定搭建一组高压电塔，其中将近两千米长的一段要从颐和园北墙这儿经过。这消息一传出来，颐和园的领导和相关的专家可都不干了。

● **采访高大伟**（颐和园原总工程师兼副园长）

原来设计的那条输送高压电的电塔，基本上按照原来的这条普通供电的线路走，所以呢，最近的那个电塔，与颐和园大墙离得就只有这么近。高三十米的那么大一个庞然大物，而且是整个的一溜，肯定对颐和园的景观产生严重影响。

高压电塔对颐和园景观影响示意图

这话听着有点不讲道理啊，人家高压电塔从颐和园的墙外经过，要说安全隐患还有情可原，怎么就影响到园子里的景观了呢？咱们换个角度瞅瞅您就明白了。这是从佛香阁上拍摄的，上边的这几个小点就是专家模仿三十米高的电塔所投放的热气球，连成一线之后，就好比那绵延两千多米的高压电塔。这要是放眼望去，您说是不是太煞风景了！

按照《北京市世界遗产保护管理条例》的规定，当市政建设与世界遗产保护相冲突的时候，以保护世界遗产为主，所以，市政部门当即决定把高压电塔"按"入地下。这样一来，资金翻了好几番，用不惜代价来形容，可谓是名副其实啦。

崔玉贵在京遗迹

崔玉贵跟李莲英不仅是同行，还是同事，

可崔玉贵的住处，如今有据可查的就只有万庆馆这一处。

中国电信博物馆

它为我们讲述着中国通信事业3000多年来走过的历史沧桑，

构成了中国通信发展史的完整陈列，这里就是中国电信博物馆。

发现护国寺元代遗迹石

今天咱们逛这儿可不是为了吃喝玩乐，

因为我们的热心观众王老先生在这发现了几件元代的宝贝。

崔玉贵在京遗迹

崔玉贵跟李莲英不仅是同行，还是同事，可崔玉贵的住处，如今有据可查的就只有万庆馆这一处。

家庭住址：东华门万庆巷3号

有书记载，崔玉贵曾经为了安置兄嫂，在东华门万庆馆3号买了套宅子。如今万庆馆的地名已经找不到了，在东华门附近一路寻摸，一通儿打听之后，我们才得知，过去的万庆馆早就改叫万庆巷了，而万庆馆3号，就是现在的万庆巷3号。

左为崔玉贵，右为李莲英

崔玉贵跟李莲英不仅是同行，还是同事，职称待遇也都差不到哪去，但是人家崔二总管可没李大总管出手那么阔绰。李莲英曾经可着四九城置办房产，可崔玉贵的住处，如今有据可查的就只有万庆馆这一处。

过去凡是有钱有势的太监，都得在宫外娶个三妻四妾的当摆设，可崔玉贵愣是一辈子没娶老婆。有人给他保媒拉纤儿，他却说：误了自己，不能再误了人家姑娘。这人品，就一个字——"好"。就连他哥哥娶了三房姨太太，都是背着崔玉贵，每次被他发现，都是木已成舟了，而崔玉贵对他大嫂绝对尊重。如此看来，那会儿咱们的崔二总管就有了一夫一妻的现代婚姻意识，若是不计生理因素，崔玉贵绝对是个好男人的典范。

择木而栖：桂公府(东城区朝阳门内芳嘉园11号)

桂公府

位于东城区朝阳门内芳嘉园11号的桂公府，被人们戏称为"凤凰窝"。听名儿您就知道，这儿曾经飞出过凤凰，还一出就是两只，其一是悍妇慈禧太后，其二就是丑女隆裕皇后了。虽然二位名声都不太好，但一点都没影响人家娘家人飞黄腾达，敛财夺势。

桂公府的主子是隆裕的老爸、慈禧的弟弟桂祥。当年宫里的新闻、慈禧的隐私，知道的最清楚的当数李莲英和崔玉贵，桂祥看不惯李莲英一天到晚蝇营狗苟，李莲英也不把桂祥放在眼里，崔玉贵倒是挺敬着这位没本事的国舅，于是桂祥认了崔玉贵这个干儿子作为耳目。俗话说良禽择木而栖，崔玉贵攀上了桂公府这高枝儿，也算是给自己铺了条康庄大道，前途不可限量。

望子成龙：京师大学堂(东城区沙滩后街55号、59号)

东城区沙滩后街55号、59号，是京师同文馆的旧址。

当年崔玉贵认了个2岁的干儿子，取名崔汉臣。汉臣长大成人，崔玉贵这个当爹的跟现在家长望子成龙的择校心态一般无二，他赶了个学洋务的时髦，把儿子送进了当年最热门的京师同文馆上学。

京师同文馆附属于总理各国事务衙门，是清末最早的洋务学堂，这儿不教四书五经，却开设了好多外语课程，而且只招收十三四岁以下的八旗子弟，大概

京师大学堂老照片

相当于现在的双语贵族中学。京师同文馆在1902年被并入京师大学堂，也就是北京大学的前身。北京大学如今依然是全国学子趋之若鹜的对象，不知道崔汉臣要是参加高考，是否还能有幸考上今天的北京大学了。

太后指婚：联姻太医院

大伙儿都知道，皇帝家的合同医院叫太医院，皇帝皇后的私人医生就叫太医。太医院就在现在的地安门东大街一带，现在这里已经成为一片民居了。

地安门东大街地理位置图

话说当年紫禁城里只留个把太医值班，其他的太医都在地安门这片儿上班，其中包括崔玉贵的亲家张仲元。

老百姓讲话，虎父无犬子，别看崔汉臣不是崔玉贵亲生的，但这相貌人才都秉承了崔二总管的优良传统，于是崔汉臣被张太医看中，要选作女婿，但好事多磨，另外一位太医的儿子成了崔汉臣的情敌，结果三家人闹到了慈禧太后面前。结果可想而知，太后给崔汉臣指了婚，崔玉贵跟张太医家结了亲家。今儿个咱们看来，横插一杠子的那位太医公子实在是不识时务，想当年，凭崔玉贵在慈禧心目中的位置，恐怕全地球也就李莲英的儿子才有实力跟崔汉臣争一把了。

慈禧嫁祸：紫禁城珍妃井

珍妃井

紫禁城玄武门内的这口珍妃井，在葬送了珍妃性命的同时，也葬送了不少人的名声，比如慈禧、隆裕、李莲英、崔玉贵。

关于珍妃跳井的细节，众说纷

珍妃

纭，但最流行的版本，是说崔玉贵是罪魁祸首。关于背后的细节，还有其他说法。有书记载，当年是珍妃在慈禧西逃的紧要关头，不识大体，以死相逼，自己跳井而死，崔玉贵上前没能拉住，也正是这一举动，使他成为了这一事件的最大嫌疑人。但又有崔玉贵口述记载，说是他手下的一个小太监奉慈禧之命把珍妃扔进了井里，结果慈禧为了逃脱干系，怪罪崔玉贵管理不力，纵容手下害死珍妃。

不管真相如何，反正崔玉贵最后是背上了这个黑锅。就连崔玉贵的干爹、慈禧的弟弟桂祥为他说情求饶，都没能说服一向惯于嫁祸于人的慈禧太后，就这样，崔玉贵成了珍妃跳井这一事件的替罪羔羊，被逐出宫，从此结束了他的太监生涯。

太监养老院：宏恩观(地安门大街钟鼓楼后)

崔玉贵因为珍妃一事被逐出宫之后，不想给家里添麻烦，就住到了地安门钟鼓楼后面的宏恩观。这座宏恩观是崔玉贵捐资修建的，用来安置老弱病残的退休太监们，大概相当于太监养老院。

宏恩观

宏恩观后来成为了一个工厂的产业，如今又被租给了一个马来西亚人开餐厅。话说当年崔玉贵住进宏恩观的第四天，家里人得知了他被逐出宫的消息，于是养子崔汉臣来宏恩观接他回家。崔玉贵性情耿直倔犟，为了不给家人添麻烦，他每十天回家看望一次，每顿饭前都得尝两口窝头，意在警示子孙不能忘本。他得势的时候，正赶上儿子在京师同文馆毕业。崔玉贵并没借势给儿子介绍个高待遇的工作，而是让他在基层锻炼。从咱们崔二总管的做派不难看出，他这辈子，当了太监实在屈才，若是能当个父母官，应该是老百姓的一大幸事。

寿终正寝：立马关帝庙(海淀区蓝靛厂)

崔玉贵在宏恩观没住几天，就搬到海淀区蓝靛厂的立马关帝庙居住。估计是想离城远点，躲个消停。

立马关帝庙当年是慈禧太后的三大太监之一刘诚印的家庙，这座

立马关帝庙

关帝庙的山门左侧曾经有匹泥塑枣红马，所以被称为立马关帝庙。当年崔玉贵给这座关帝庙捐了680亩地，之后在这儿度过了余生。

崔玉贵虽然是个太监，但也懂得国家兴亡匹夫有责的道理。他目睹大清一天天衰败，又听说宣统皇帝被逐出宫，另有传说军阀曾对崔玉贵敲诈勒索，致使崔玉贵积郁成疾，最终得了不治之症，于1926年离开了人世，享年66岁。

太监做到了崔玉贵这个份儿上，跟安德海、李莲英比起来，虽然少娶了几个老婆、少置了几套房产、少结了几个仇家，也少做了几个噩梦，但他享受到了子孙的孝顺、晚年的清静，甚至是去世时的安详。常伴慈禧左右，一生如此收场，已属难得，总结崔玉贵的一生，严于律己、宽于待人是他寿终正寝的主观因素，至于客观原因，恐怕正是慈禧嫁祸导致他提前下岗，才使咱们的崔二总管有幸置身事外，安度晚年了吧。

中国电信博物馆

它为我们讲述着中国通信事业3000多年来走过的历史沧桑，构成了中国通信发展史的完整陈列，这里就是中国电信博物馆。

中国电信博物馆

在北京著名的中关村高科技园区附近，有这样一座大楼，在里边7000多平方米的展厅里，汇集了2000多件珍贵的通信藏品，为我们讲述着中国通信事业3000多年来走过的历史沧桑，构成了中国通信发展史的完整陈列，这里就是中国电信博物馆。

古代信息传递：烽火与邮驿

在电信博物馆的古代展厅，有一幅大壁画，画的是古代烽燧通信的场面。烽燧作为一种原始的通信手段，早在周朝就已经被广泛运用。这里说的"烽"就是指夜里在烽火台上点火，而"燧"则是在白天放烟，也就是狼烟。这些烽火台一个接一个，从新疆、青海、甘肃敦煌一直排到山海关。

烽燧

铜轺车模型

史学家司马迁在《史记》一书里记载了"周幽王烽火戏诸侯"的故事。那个昏君为了逗小老婆一笑，就把报警烽火给点上了，各路诸侯连夜发兵救驾，受了戏弄。等真的有了敌情，反而没人答理了，为了个玩笑就此亡了国，您说是不是倒霉催的。

到了公元前200多年的汉代，咱们中国的官方通信又开始出现了邮驿。这是甘肃武威出土的铜轺车的模型，这种车就是邮驿使用的。瞧见它，仿佛可以看到当年的邮驿"十里一走马，五里一扬鞭，一驿过一驿，驿骑如流星"，昼夜兼程奔跑传信的场面。然而过去的邮驿只管官府衙门的信件，普通老百姓要想寄封信那可就难了，要不然杜甫怎么写下了"烽火连三月，家书抵万金"的诗句，这种情况一直延续到清朝末年才开始有所改变。

官民通用：大清邮政官局

在中国几千年的通信发展历史上，第一次出现官民通用的国家通信机构，还是在十九世纪九十年代，清政府中的洋务派提出了要仿效西方开办国家邮政机构。其中煽乎这件事最起劲的，就要算南洋大臣张之洞了，还有这位两江总督刘坤一，都为当年办邮局出了不少力。

张之洞

刘坤一

到了1896年3月20日，终于有了结果，光绪皇帝下了圣旨，清政府总理各国事务衙门指示，大清邮政官局正式成立。1897年开始办理邮政业务，还颁布了大清邮政章程。

这个则是电信博物馆复制的一个北京邮政分

局，原址就在今天六部口附近。据史料记载，当年大清邮政官局在咱北京的四九城里设立1个总局，10个分局，26个信箱，123个信筒，邮政机构倒也算得上是随处可见，布满全城啊。

大清邮政分局模型

电信先河：老电话与电报机

1837年，莫尔斯发明了有线电报机，1876年，贝尔发明了有线电话，1895年，马可尼发明了无线收发报机，人类通信由此开始进入了新的阶段。来到电信博物馆，您可不要小瞧这些老古董，正是有了它们，才开创了咱中国真正意义上的电信事业。

1906年，清政府专门派人到瑞典的爱立信公司签订了一份购买供电式人工电话交换机的合同，买来以后先是装在了颐和园，原本是想让慈禧太后尝一下打电话的滋味儿，可没承想这马屁拍到了马蹄儿上了，老佛爷压根儿不领情，至死也没动过这个洋玩意儿。

带有祥龙图案的电话机

1910年，紫禁城里正式安装了一部10门电话用户交换机，在建福宫、储秀宫和长春宫里安装了六部电话机。末代皇帝溥仪没事干整天拿着这个稀罕玩意儿往外打电话，不仅叫过烤鸭，还给过胡适这个新派人物打电话呢。

这台带有祥龙图案的电话机是挪威电报公司送给清朝政府的礼物，在电话机上专门刻上一条龙，估计这洋人是为了在中国朝廷讨个彩儿，好推销自个儿的产品，扩大在中国的买卖。

打鬼子立功劳：军事通信

通信在最早就是为战争服务的，现代通信设备一经问世，也会首先投入军事应用。在各国的军队中，都有通信兵这个编制。咱人民军队创建之初也设立了自己的通信兵，当然他们的装备起初大都是从敌人手里缴获来的。

电信博物馆里陈列着一大批饱经战火考验的军事通信装备，堪称珍贵的革命历史文物，每一件都能为您讲述一段故事。这其中有部"小八一"电台，是当年八路军晋察冀军区部队打日本的时候用的。还有一个是手摇发电机，在没有电的地方靠人力发电

手摇发电机

也能使电台正常工作。这部发电机经历过百团大战等重大战役战斗。别以为咱八路军只有鸡毛信、消息树，想当年咱也有有线电话和无线收发报机，这些通信设备下达过无数次战斗命令，也传递过许多胜利的捷报，可是立下过汗马功劳啊！

科学幻想成现实：现代通信技术

在现如今的这个信息社会，现代通信技术发展速度之快，各种通信设备的更新换代，真是让人想都想不到，这一点在电信博物馆里得到了最充分的展现。有线综合电视网正在逐步走进北京的千家万户，还有电视电话会议可视系统，把俩人的双向通信变成了群体式的复合多向通信。对于这些采用新技术的通信设备，观众都可以动手操作体验一把，亲身感受一下现代通信技术的魅力，设想一下未来通信发展的光辉前景。

发现护国寺元代遗迹石

今天咱们逛这儿可不是为了吃喝玩乐，因为我们的热心观众王老先生在这发现了几件元代的宝贝。

护国寺想必大家都不陌生，这可是咱北京八大寺庙之一。在过去，这里不仅可以买货，还可以听听相声、看看杂耍，真是吃、穿、用、玩一条龙服务，单说这热闹的景象就可以与现在的商业街有一拼。《京都竹枝词》中不是说嘛："东西两庙货真全，一日能消百万钱。多少贵人间至此，衣香犹带御炉烟。"不过今天咱们逛这儿可不是为了吃喝玩乐，因为我们的热心观众王老先生在这发现了几件元代的宝贝。

我们的发现者王铭珍老先生可是位考古迷，别看上了年纪，可一提到考古，这劲头儿足着呢。

王老先生告诉我们，护国寺原名崇国寺，始建于元代，是元丞相托克托故宅。清康熙六十一年，也就是1772年重修，改名护国寺。后来被老北

护国寺

京人称为"西庙"，与东边被称为"东庙"的隆福寺相对。

● 采访王铭珍

这个庙建于元代，到现在已经700年的历史了。但这个殿是不是元代建筑我们不得而知。有专家考证这是康熙年间重修的。前面的是金刚殿，后面依次是天王殿、延寿殿、崇寿殿，崇寿殿后面的叫千佛殿，我们要看的就是千佛殿后面的石礎。

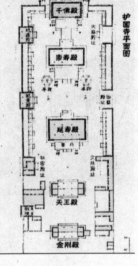

护国寺平面图

跟随发现者王先生，我们来到了千佛殿后身，四周看了一圈，除了民宅和胡同，没有看见什么遗迹啊。

● 采访王铭珍

你看这是5间房子，5间房子总共有这样的柱石6个，这个殿的4面一共24个这样的石础，现在已经看不清楚了。

在居民的帮助下，我们才扫清这石础身边的障碍，见到了它的庐山一角。你看这石础的下半身儿是在地下，上半身是民宅，所以想看见这石础全貌是不太可能了，我们的编导只能用图片展示给大家，具体它是做什么用的，我们还要请发现者告诉我们。

石础

● 采访王铭珍

石础是干什么用的呢，它是大殿柱子的基础柱座，这个石础长是1.18米，上面雕的都是龙。

说起这石础的功劳来，它可是一点儿也不小，怎么着它也支撑着房子的半边天呢，不过和一辈子不见天日的地基相比，它还是惨了点，整天只露一头儿在外面，看着这大千世界，还不能动弹，还不如两眼一抹黑，什么也瞧不见呢。

安德海在京遗迹

继李莲英之后，又一位太监行里的精英递交在京档案，

咱这就去看看，这位姓安名德海的特邀嘉宾，

都在北京留下了什么新鲜事迹。

中国钱币博物馆

在中国钱币博物馆里，您看到的不光是有关钱币的专业知识，

而且可以了解到钱币当中蕴藏的

历史、经济、文化、书法、美术知识。

袁督师祠

相信这个曾经沉冤百年的英灵，若是在天有灵，

也能够感受到世人对他的敬重与理解，

从而得到些许的心理宽慰。

安德海在京遗迹

继李莲英之后，又一位太监行里的精英递交在京档案，咱这就去看看，这位姓安名德海的特邀嘉宾，都在北京留下了什么新鲜事迹。

他是慈禧太后的蓝颜知己，他是李莲英的心中偶像；他目无皇帝，更别提皇亲国戚；他欣然南下，却最终命丧黄泉。正所谓山外有山人外有人，继李莲英之后，又一位太监行里的精英递交在京档案，咱这就去看看，这位姓安名德海的特邀嘉宾，都在北京留下了什么新鲜事迹。

● 安德海在京档案

姓　　名：安德海

昵　　称：小安子（慈禧太后戏称他为"人精儿"）

职　　业：太监

职　　位：总管大太监

特　　长：察言观色、溜须拍马，对心理学颇有研究。

婚姻状况：妻妾成群，元配夫人是京城名旦马小玉，人称马大奶奶。

绯闻女友：慈禧太后（由于安德海太监身份已成事实，姑且推测他与慈禧太后
　　　　　有精神恋爱嫌疑）

毕生最大疑惑：我到底是死在了谁手里呢？

邂逅兰姐姐：紫禁城 坤宁宫

坤宁宫

安德海被领导们昵称为小安子，作为咸丰皇帝的贴身太监，小安子当时在后宫里最常去的地方，就是皇后的寝宫——坤宁宫。咸丰皇帝跟元配老婆，也就是后来的慈安太后是出了名的模范夫妻，而当年的兰儿，也就是今天我们所熟知的慈禧，通过选秀入宫之后，连个封号都没赚着，只配陪在皇后身边说说笑笑而已。

兰儿心野，再加上天天看着咸丰跟皇后浓情蜜意、卿卿我我，心里那个酸劲儿就别提了。但皇后没心眼儿，被眼前的泡沫眯了眼，高风亮节地替自己这位兰儿妹妹讨了个贵人的封号，却做梦也没想到，自己日后会栽在这位兰贵人手里。

年轻时的慈禧

小安子在坤宁宫对这位倾国倾城、蕙质兰心的兰姐姐一见钟情，又因为后宫嫔妃虽然表面巴结小安子，但暗地里都是离心离德，所以安德海急于另外培养自己人，刚好兰儿送上门来，从此成了安德海手里的一支股票；而兰儿也急需找架梯子，让她有机会爬到咸丰面前。于是两人一拍即合，成为知己。

鼎力推荐：紫禁城 养心殿

要说咸丰跟皇后夫妻关系那么好，兰贵人想要引起老公的注意，并不容易，相传这其中是安德海主谋，导演了一场姜太公钓鱼的好戏，

结果咸丰果然上了钩，但关于细节，说法不一。

养心殿版：

根据历史小说《安德海》记载，一日养心殿内，安德海照例端着盘子让咸丰挑选侍寝的嫔妃，还特意把自己的兰姐姐放在了头牌，但不巧的是咸丰正忧心国事，夜不能寐，更无心云雨，一挥手便打发了安德海。不过作为太监，安德海算是比较职业的，他在最短的时间内摸透了主子的心思，找好切入点，把他那位清新脱俗、出水芙蓉般的兰姐姐推荐给了咸丰，从此咸丰皇帝彻底拜在了兰贵人的石榴裙下。

电影版：

电影《垂帘听政》里，说是在安德海的策划和协助之下，咸丰被引诱到御花园里，守候多时的兰贵人一首小曲儿就把堂堂的咸丰皇帝彻底拿下，那幕长廊之上你追我赶的浪漫情景，就是在现在北海公园静心斋里的半壁廊拍摄的，只不过画面里兰贵人身后的那栋二层建

叠翠楼

筑，实际上是静心斋里的叠翠楼。北海公园那可是历史上兰贵人成为了慈禧太后之后，动用海军军费才修建的，用在此处，恐怕有点儿关公战秦琼的意味了。

不管哪个版本属实，或者皆为荒谬，总之从此小安子向着安大总管的头衔迈进了一大步，而他的兰姐姐也争气，没多久就给咸丰生下了唯一的儿子，离母仪天下的梦想越来越近了。这对既是姐弟、又是君臣，还总透着那么点暧昧的男女二人，在互相利用方面，堪称最佳拍档。

通风报信：恭王府(什刹海前海西街17号)

位于什刹海前海西街17号的恭王府，最出名的两代主人，一是乾隆朝的和珅，二就是慈禧太后的小叔子、鬼子六奕䜣。

恭王府花园

著名的辛酉政变，造就了一批暗合慈禧太后心理的标准人才，安德海和奕䜣更是其中的佼佼者。相传当年咸丰在承德避暑山庄撒手人寰，

恭王府地理位置图

肃顺等八大辅臣携天子以令诸侯，于是慈禧暗中派安德海到恭王府给奕䜣报信，寻求援助。要说安德海还真是敬业，跨上马日夜兼程地赶往京城，屁股差点儿颠成了八瓣儿。安德海跌跌撞撞跑到恭王府，把事情经过跟鬼子六这么一讲，咱这位常被慈禧挂在嘴边儿的六叔，关键时刻还真派上了大用场，快马加鞭赶往承德护驾，据说那时候私自出宫的安德海，还是男扮女装才跟着奕䜣混回了承德行宫。

接下来叔嫂同谋杀肃顺的故事，早已经不新鲜了，至于安德海这位"幕后英雄"在历史上所起的作用，恐怕连当时东宫的慈安太后都不知道其中的内情了。

奕䜣

结仇鬼子六：紫禁城 储秀宫

慈禧一辈子住的时间最长的就是储秀宫。这儿是她发迹的地方，

也是安德海的主要工作场所，不过相传这里也是安大总管的伤心地，因为他弟弟，安家唯一传宗接代的独苗，也是慈禧的另外一位知己，就是在这儿送了命。

储秀宫

话说安德海为了讨好领导，把自己的弟弟安德洋介绍给了慈禧，但后宫除了嫔妃就是太监，男人岂能随便出入，幸亏安德洋男身女像，人长得漂亮，身材又好，于是经常男扮女装混入后宫，跟慈禧约会。俗话说天下没有不透风的墙，这事儿很快让奕䜣知道了，立马下令清理门户，全方位多角度搜查后宫，眼看着安德洋就要被堵在储秀宫之内，慈禧为了自保，一狠心，亲自下毒手弄死了安德洋。

安德海一心认定是奕䜣害了他弟弟，俩人从此结仇，慈禧也从此对他这位六叔心存芥蒂，为日后的叔嫂反目埋下了伏笔。

结婚典礼：天福堂(前门肉市大街)

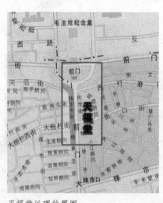
天福堂地理位置图

老北京人都知道，北京过去的饭馆儿有八大楼、八大庄、八大堂之说，位于前门肉市大街的天福堂，是其中之一。如今来前门，已经找不到当年天福堂的门脸儿了，但前门大街依然繁华，当年这儿是北京城的门面，而天福堂当时也是北京城最大的饭庄，安大总管的婚礼，就是在天福堂举行的。

安德海虽然是个太监，却依然妻妾成群，大老婆是当时的名旦马小玉，人称马大奶奶，据说他们这桩婚事还是慈禧保的媒。

相传当年马小玉进宫唱戏，认识了安德海，但没多久马小玉就被家里许配给了一个糟老头做姨太太，还是第十五房，安德海犯了酸，跟慈禧太后一念叨，慈禧说只要人家姑娘愿意，我就给你们保媒，结果马小玉还真点了头，安德海就这么美滋滋地娶了个黄花大闺女回家当摆设。

奇耻大辱：什刹海天福酒楼

什刹海地理位置图

什刹海如今酒吧林立，其实早在过去，这儿也有不少好馆子，周围的王府叫个外卖什么的，也都方便。

众所周知安大总管和恭亲王奕訢素来就不对付，偏偏安德海的老乡在什刹海开了家酒楼，安德海两口子经常光顾，却忽略了死对头奕訢的恭王府就在什刹海前海西街。一日安德海来什刹海吃饭，奕訢得了信儿，故意跑去跟安大总管两口子碰了个对面儿，结果当着众人的面儿，奕訢以安德海的生理特点为话题，一番片儿汤话甩出去，弄得人家两口子好一个无地自容。其实说来，纵然安德海身为太监，娶妻纳妾是否得当值得探讨，但奕訢身为王爷，对一个下人进行人身攻击，实在是失了当爷的风度了。

后海南岸

名利双收：妙峰山古道

门头沟区妙峰山有条进香的古道，相传当年慈禧太后经常到妙峰山上的娘娘庙里去烧香，安德海体恤领导、拍马屁，动用小金库修了这条进香古道。但又有人说，这修路的

妙峰山古道

钱，是掌管国库的刘太监为了讨好慈禧，偷偷拿出库银委托安德海修的，结果慈禧美了，给安德海打了赏外加口头表扬，而刘太监却因为亏空国库，畏罪自杀。

不管事实如何，安德海讨好领导确实有高招，节约成本，还事半功倍。这点本事倒是让他徒弟李莲英学了个透彻，俗话说名师出高徒，太监这行也不例外。

乐极生悲：京杭大运河 通州区通惠河段

安德海在北京留下的最后痕迹，就在现在的通州区通惠河畔。通惠河是京杭大运河的一部分。当年慈禧对安德海可以说是百依百顺，以至于安德海嚷嚷着要出北京城溜达溜达，实际是从宫里倒腾了点宝贝，想到外地出手。按说太监私自出京是杀头之罪，慈禧却毫不犹豫地批准

京杭运河通州段

了。于是咱们的安大总管大张旗鼓地坐着船，打着奉旨出差的旗号，由京杭大运河一路南下，直奔山东，踏上了一条不归路。安德海刚

到山东，就被山东巡抚丁宝桢以太监不得私自出宫的罪名正了法，而背后的遥控者，就是远在京城的同治皇帝。

按理说没人轻易敢动慈禧的宠臣，但此次安德海被杀得如此顺利，又引发了后人的多种猜测，其中之一是说慈禧太后跟安德海的不正当关系被曝光，于是慈禧借同治的手杀人灭口，以求自保。此种说法，从慈禧太后做人的原则、处世的态度分析以及智商指数判断，倒是极有可能的。

都说安德海仗着慈禧的宠信如何如何，其实仔细想来，并非如此，当小安子已经伴君左右的时候，少女慈禧还不谙世事，强把无知当天真；当慈禧的未来风雨飘摇的时候，安德海雪中送炭，却没想过功高盖主。安德海的世界里只有慈禧，与其说慈禧是他的领导，倒不如说是他的一件完美的作品。只可惜手握大权之后的慈禧太后太明白"舍得舍得，有舍才有得"的深刻道理，而聪明一世的安大总管，只成为了被慈禧挑来选去，稍许犹豫之后，最终被舍去的那一个而已。

北京卫视
播 出 时 间：每周二　21：35
BTV公共频道
播 出 时 间：每周日　11：35

中国钱币博物馆

在中国钱币博物馆里，您看到的不光是有关钱币的专业知识，而且可以了解到钱币当中蕴藏的历史、经济、文化、书法、美术知识。

有句话叫"掉到钱眼里去了"，还有个词儿叫"见钱眼开"，说起来这可都是踩乎人的，然而在咱们北京天安门广场西南侧的西交民巷，却有个地方就是让您"进钱眼儿里去"，让您"见钱眼开"，这地方就是今天要带您去的中国钱币博物馆。

中国钱币博物馆地理位置图

原始货币：从贝壳到铜铸钱

钱币博物馆里当然处处都是钱，可这儿怎么放着个贝壳呢，要知道，在夏朝和商朝的时候，这贝壳就是钱。汉字里面有不少和做买卖有关的字，都是以"贝"为偏旁的，比如"财"啊"购"啊等等。您瞧，这海贝的外表光洁美丽，坚固耐用，便于携带，在陆地上又不容易找到，自然而然就成为了人们相互交换货物的

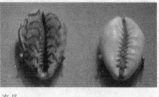

海贝

一种媒介。到了春秋战国时期，商品交换的规模越来越大，不能光靠贝

130

蚁鼻钱

壳了，人们就照着海贝的样子用铜铸，造出了蚁鼻钱，各地也开始出现了许多来源于生活环境的货币，像从农具演变而来的铲币，用于今天河南、湖北一带。这种外形

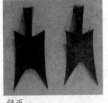
铲币

类似削刀的刀币，主要是在山东、河北还有咱北京一带流通使用，然而这些钱最后都没有成气候，最后在咱中国真正流通起来的货币，是秦国也就是今

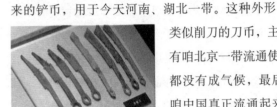
刀币

天陕西那块儿的半两钱。随着秦始皇统一中国，别的钱都不好使了，唯有这种方孔圆钱成了正宗的国币，而且一直延续下来。

半两钱

方孔圆钱：五铢钱

过去有些喜欢钱又冒充清高的穷酸秀才，给圆钱起了个文绉绉的

五铢钱

名字，叫孔方兄，真是很形象地描绘出了这种钱的模样。从秦朝开始，外圆内方的圆钱成了我国古代钱币的主要形式，还可以用绳子穿起来，就叫一吊钱。而其中影响最大、流行时间最长的当数五铢钱。公元前119年，汉武帝废除了自秦朝而来的半两钱，开始发行五铢钱。这

五铢就是钱的分量，也是币值。在汉朝，一斤就是十六两，一两就是二十四铢钱，一铢相当于一百粒小米的重量，这一枚五铢钱大概有今天的四克重，能买五百粒小米，还是挺值的。从汉朝一直到唐朝初年，算起来用五铢做钱的名称，前后长达约八百年，这种钱也是我国历史上发行数量最多、使用时间最长的货币了。

合二为一：一分钱掰成两半花

剪轮钱

一个钱掰两半花，这句提倡勤俭节约的话想必您一定听说过，但您知道这句话的来历吗？这句话起源于东汉末年，但开始并不是讲勤俭节约的，而是由于社会经济衰退，钱不值钱而来的。当时有很多奸商趁着军阀混战，私自铸造钱币，他们私自造的五铢钱偷工减料，分量还没有两铢重，可有些人手里还有原来官方铸造的五铢钱，拿到市场上买东西，以大换小，那不就亏大发了吗？于是他们就把钱芯捣掉，把钱芯和外圈变成两个钱，钱芯叫剪轮钱，外圈叫綖环钱，此后一段时期人

綖环钱

们见到分量重的钱就凿开，把大一点的钱都分成两半。现在在钱币博物馆里看到的这些样品，把当初凿开的钱拼起来竟然能够严丝合缝，单凭这一点就可以看出，咱中国在汉朝时候铸币的工艺有多高了。

开元通宝：刻上了吉祥图案

开元通宝

在咱中国的钱币发展史上，还有一种著名的圆钱叫宝文钱。它是从唐朝初年开始使用的，一直使用到民国初年。公元621年，唐高宗李渊，也就是李世民他爹，改变了以往以分量为钱命名的做法，给钱起了个新名，叫通宝，前边再加上个"开元"，那意思就是开辟新纪元的钱。可惜好景不长，到了公元758年，唐朝开始

乾元重宝

走下坡路，当时的唐肃宗李亨又开始发行这种叫乾元重宝的新钱，个儿比老钱大四五倍，可没想到，老百姓对这种新钱不感冒，在市面上流通谁都不爱收，后来这种钱变得忒不值钱了，朝廷规定一枚乾元重宝相当于三十枚开元通宝，可实际上一个才顶仨，有时候才顶一个。朝廷为了让老百姓喜欢使新钱，就琢磨着在钱上面加点花样，刻上一些吉祥的图案，刻上云彩，叫祥云，刻上小鸟，叫瑞雀，当然，在钱上刻祥云瑞雀，不可能挽救唐朝的最终覆灭，然而在钱上整点吉祥图案的做法，却从那时候开始延续到了今天。

古代纸币：交子和钞票

用铜铁等金属铸钱，携带起来很不方便，这一贯钱也就是一千个铜板，那就得十好几斤重，要是买个大件，花个三千五千的，还不得把人累死啊，于是纸币也就应运而生了。说起

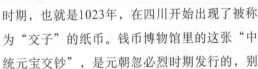

来咱中国是发行纸币最早的国家，早在北宋

交子

时期，也就是1023年，在四川开始出现了被称为"交子"的纸币。钱币博物馆里的这张"中统元宝交钞"，是元朝忽必烈时期发行的，别看它印刷的不咋样，可一张就顶一贯钱使啊。

中统元宝交钞

明朝继续沿袭元代的

币制，大量发行纸币，您瞧这张"大明通行宝钞"，是世界上个头最大的一张纸币了，它长达三百三十八毫米，一尺多呢，可面值多少钱就值多少钱，印这么大的票子不是浪费吗？明朝最后垮台，发行纸币太多，搞得通货膨胀，

大明通行宝钞

户部官票

也是一个重要原因。后来清朝对发行纸币就不那么积极了，总觉得纸钱花起来不如使银子那么踏实，但到了1853年，朝廷实在凑不齐那么多银子和铜钱，也只好靠发行纸币来救急，一种以银两为单位的，叫户部官票，一种是以铜钱为单位的，叫大清宝钞，二者合起来叫做"钞票"，我们今天所用的"钞票"一词就是由此而来

大清宝钞

的。除此之外，从明朝末年开始，咱北京等一些大城市出现了钱庄，又叫银号，也发行过一种纸张的银票，可以作为支付凭证，但是不能上市，它的作用大概就跟今天的转账支票差不多吧。

币值信誉：值不值钱有公论

发行货币，关键的一条就是要有坚挺的币值信誉，也就是钱要值钱，凡是一个政府发行的货币太多太滥，货币迅速贬值，那离垮台可就不远了。在咱中国的历史上，有三个皇帝获得过"铸钱能手"的称号，都造成了祸国殃民的恶果。一个是西汉末年的王莽，他造了一刀平五千，就是用这个像钥匙一样的钱，一个钱顶原来五千枚五铢钱。

一刀平五千

布泉

第二个是宋徽宗，他不仅喜欢造钱，还喜欢写钱文，他这瘦金体还真是很有名，不过它比较值钱，一个钱顶过去十个钱。第三个就是清朝的咸丰皇帝，采用铸大钱，一个大钱当五十个甚至一千个小钱。

您再瞧，这三种钱，是北周在公元561年

五行大布

的布泉、574年铸造的五行大布，577年发行的永通万国，号称北周三宝，钱上的书法字体称得上是精美绝伦，可它的价值却在发行十多年里下跌了一百倍，中看不中用，难怪到了公元581年北周王朝就覆灭了。还有解放前国民党政府发行

永通万国

的金圆券，它的面值真是打破了世界纪录，一张纸币就是60亿元，可这么多钱，当时只能买一个火烧，您说这钱还能用嘛，怪不得当时有人写了这么一首讽刺诗：踏进茅房去拉屎，发现没有带草纸。兜里掏出百元钞，擦擦屁股蛮合适。

金圆券

在中国钱币博物馆里，您看到的不光是有关钱币的专业知识，而且可以了解到钱币当中蕴藏的历史、经济、文化、书法、美术知识。您想知道中国历史上都有什么货币吗？您想知道现在咱们使用的纸币是怎么发展而来的吗？您想知道钱币里有哪些文化和故事吗？那您不妨抽点时间来看看这个钱币大世界。

北京卫视
播出时间：每周二　21：35
BTV公共频道
播出时间：每周日　11：35

袁督师祠

相信这个曾经沉冤百年的英灵，若是在天有灵，也能够感受到世人对他的敬重与理解，从而得到些许的心理宽慰。

老北京人都知道，崇文区原来有条东花市斜街，现在叫东花市南里。标志性建筑之一，就是广渠门中学。今儿个咱们的目标在广渠门中学南边，门牌号是东花市斜街52号，全名叫做袁督师墓堂。这袁督师指的就是那位当年让皇太极日思夜想，让崇祯皇帝猜了又猜，最终含冤而死的一代名将——袁崇焕。

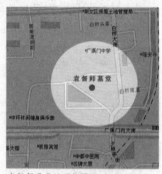

袁督师墓堂地理位置图

祠堂档案：重建石刻及捐款名单

袁督师墓堂

这座博物馆由袁崇焕的墓和祠堂组成，别看这地方不大，能在这样一个现代化环境中保留下来，就不容易。一进院儿您肯定有进展室的冲动，我劝您先别急，走上正殿台阶，先往两边看看，您就知道我是为您着想了。

左右两边墙壁上，分别写着满满当当、指甲盖大小的两面石刻，一个是同治七年，修缮袁崇焕祠堂的记载，另外一个，是当年的捐款登记。这不起眼的两面石刻，俨然袁祠的早年档案，您要想了解眼前这一亩三分地儿，还真得从这儿开始。

惺惺相惜：康有为题字

康有为

说起康有为，您肯定不陌生，他老人家一辈子过得跟袁督师一样的憋屈，变法失败，逃到海外。俩人虽然相差几百年，但毕竟是志同道合的爱国人士，英雄素来惺惺相惜，康袁二人也不例外。据说原来祠堂的牌匾都是康有为亲笔所题，现在原物都找不回来

袁崇焕庙碑记

了，但您别失望，一进正殿的左手边，有块儿袁崇焕庙碑记，这可是货真价实的康有为亲笔，而这个文中提到的袁崇焕庙，就在现在的龙潭东湖岸边。离这儿不远，两广路上，3路8路公共汽车都直接到。

古今高层报告：平反指示　迁墓请示

袁崇焕画像

大殿正中，悬挂着一幅袁崇焕的画像，您看这白白净净、高大威猛的外形，还真不太像广东人。

在画像后面，左右两边分别有两幅字。您可别小看这复制品，人家的价值不在墨迹，而在内容。左边这幅，是

乾隆年间为给袁崇焕平反而打的报告，直接递交给皇上的，绝对属于高层机密报告。右边这幅来头更是不小，这是五十年代，当年人称"四大名士"的李济深、柳亚子等四位民主人士直接打给

两幅字中的一幅

毛主席的报告。老北京人都知道，五十年代，北京城里的墓葬一古脑儿都迁出了城，这报告就是请求在原地保留袁崇焕墓。你看这左上边是毛主席的批示，大概意思是说：如果没什么大碍，就把袁崇焕的墓保留下来吧。您看看，还多亏了毛主席，咱今天才不用往城外跑，就能瞻仰到这座袁督师墓。

真假难辨：听雨石刻

"听雨"石刻

在左手边的另外一块牌匾上，雕刻着"听雨"二字，据说这是袁崇焕的手笔。但令人费解的是，远在袁崇焕的老家广东，也有一块同样的石刻，究竟二者是孪生兄弟，还是真假美猴王，我们不便妄下结论。但是有人对眼前这块牌匾进行了分析，发现袁崇焕的落款字体过大，跟"听雨"二字放在一起，显得有点比例失调，不过就凭这点，咱可不能妄断真伪，说不定当年袁督师签字儿就习惯性偏大呢。

老乡见老乡，两眼泪汪汪：广东捐赠的袁崇焕生活用瓷

明代的民间瓷器

在眼前的这座纪念馆里，还有一类展品你非看不可，这不仅是袁崇焕当年生活状态的见证，也是人家广东父老乡亲的一片心意。我说的就是这些明代的民间瓷器，这可都是当年袁崇焕的老乡们手里捧过的瓶瓶罐罐。袁崇焕的老家广东东莞把它们捐赠到这儿，为的就是让咱们感受到当年袁督师在家乡的生活氛围。有首歌唱得好：老乡见老乡，两眼泪汪汪，您看人家把明代的古董都捐来了，这得多大的情分啊。

生死相随：袁崇焕卫京兵器

文人离不开笔，当兵的离不开枪，对于常年征战的袁督师来说，最亲的除了战友恐怕就是兵器了，毕竟都是一起出生入死的老伙计。走进东展厅，您能看到玻璃柜里陈列着锈迹斑

手雷

斑的大刀，还有当时明军守城时使用的手雷，也就是早期的手榴弹，这都是当年的实物。再看墙上的这些刀枪剑戟，是不是很容易联想到当年金戈铁马的壮观战争景象。

守城的武器

千呼万唤始出来：袁崇焕墓

杂七杂八的说了那么多，您先别看花了眼，这博物馆的主角儿今天可是千呼万唤始出来。我要说它是镇馆之宝，恐怕都不足以概括他

袁崇焕墓

的地位，这就是位于后院儿的袁崇焕墓。你琢磨琢磨，没这墓，就没有咱脚下这座博物馆，您说它这角色是不是再重要不过了。中间的坟冢，不用说，那肯定是袁崇焕袁督师的，旁边

这座小的坟冢，虽然碑文已经模糊，但您仔细还能分辨一二，这就是当年夜盗袁崇焕头颅，将他安葬于此的佘义士的墓。佘家没人能说出老祖宗的全名，但"义士"二字，足以令这位忠义之人永载史册。佘家十几代人守墓至今，如今第十七代佘幼芝女士，已经搬进了金鱼池小区，但老人还总惦记着

坟冢

这座祠堂，于是政府又在这里给老人留了三间房，以便随时过来居住。

　　您要是问我这袁崇焕到底是什么人，我建议您看看电视剧《孝庄秘史》，好有个感性认识，然后来这座袁督师祠堂看看，正厅两侧的展板，介绍了袁督师辉煌而又悲壮的一生。相信您只要在这里稍许停留，就会深深地体会到那句出自袁督师之口的"但留清白在，粉骨亦何辞"的慷慨气概。最后嘱咐您别忘了，离开的时候，在袁督师的画像前行个注目礼，相信这个曾经沉冤百年的英灵，若是在天有灵，也能够感受到世人对他的敬重与理解，从而得到些许的心理宽慰。

北京卫视
播出时间：每周二　21:35
BTV公共频道
播出时间：每周日　11:35

小德张在京遗迹

对于一个生理有残缺的人而言，

小德张的生活并不只有光鲜亮丽的一面，

他从一名默默无闻的小太监一直做到晚清的清宫大总管，

必然有崎岖坎坷的人生道路要走。

北京戏曲博物馆

在这儿不仅可以了解京剧的发展演变，

学习丰富的戏曲知识，观赏珍贵的戏曲文物，

还可以见天的在大戏楼里看京剧、听昆曲。

这博物馆就是北京戏曲博物馆。

聚元号弓箭

我们今天的这几位发现者找到了

一位会制作传统弓箭的手艺人。

小德张在京遗迹

对于一个生理有残缺的人而言，小德张的生活并不只有光鲜亮丽的一面，他从一名默默无闻的小太监一直做到晚清的清宫大总管，必然有崎岖坎坷的人生道路要走。

他是清末最后一个大太监，他是内廷最年轻的大总管；他同情光绪珍妃，却也死心塌地效忠隆裕；他专一痴情，却也三妻四妾，整日花天酒地。然而，对于一个生理有残缺的人而言，小德张的生活并不只有光鲜亮丽的一面，他从一名默默无闻的小太监一直做到晚清的清宫大总管，必然有崎岖坎坷的人生道路要走。作为崔玉贵的关门弟子、李莲英的后生晚辈，本名张兰德，人称小德张的张大总管，从15岁到37岁，这短短22年的工作中，他在北京留下了哪些鲜为人知的故事呢？

● 小德张在京档案

姓　　名：张祥斋

工作专用名：张兰德，人称小德张。

出生日期：1876年

享　　年：81岁

工作经历：15岁参加工作，

　　　　　22岁成为慈禧生活秘书，

　　　　　33岁升为清宫大总管，

　　　　　37岁退休。

职　　位：清宫大总管

籍　　贯：河北省静海县（现在属于天津市）

婚姻状况：老婆不少，亲生孩子一个没有。

爱　　好：烹饪、戏曲。

单位分房：前永康胡同5号、7号(东城区东直门北小街)

前永康胡同

小德张家住东城，具体地址是东城区东直门北小街前永康胡同5号、7号、9号。我们只找到了5号和7号，没有找到9号，倒是发现了一个甲5号。这里的居民说，原来这一溜儿房子都是小德张家的。

要说小德张当年混在北京不容易，为了当太监，自己动手净了身，来到京城，却好几个月都没见过紫禁城的大门长什么样。好不容易参加了工作，也只能从基层太监做起。当年的李莲英、崔玉贵，可谓是小德张的顶头上司兼心中偶像。小德张外形条件不错，命也好，16岁就进了南府戏班，成了大清朝的国家一级演员，专门负责给太后、皇后、妃子们汇报演出。大伙儿都知道，慈禧一向偏爱漂亮伶俐的小太监，小德张也不例外，没多久慈禧就把小德张调到了自己的身边，还在前永康胡同给他分了这套房子，那年他才22岁，在太监里属于进步快、前途广的优秀青年中层干部。

一仆二主：长春宫

故宫的长春宫，是慈禧的卧室，人家皇家叫寝宫。作为慈禧太后的贴身保姆，小德张的主要工作场所就在这里。但话说回来，长春宫对于小德张而言绝非只是工作单位这么简单。他在这

长春宫

儿伺候着第一位主子慈禧太后的同时，还邂逅了一生中的第二位贵人，

也是他的第二位主子——隆裕皇后。

长春宫地理位置图

相传那天慈禧到颐和园划船去了，留下小德张在长春宫收拾秋天穿的衣服。刚巧隆裕哭哭啼啼地来找姑姑慈禧

隆裕皇后

诉苦，只因为老公光绪头天晚上又临幸了隆裕的情敌珍妃。可惜慈禧不在，心理缺乏独立意识并且极度不成熟的隆裕，居然把小德张当成了倾诉对象。要说这也是缘分，两人一聊，挺投脾气，从此小德张对这位苦命皇后产生了同情，隆裕也觉得这位眉清目秀的小太监挺善解人意，两人就这样在长春宫擦出了第一片火花。

心理诊所：潭柘寺

潭柘寺

小德张无论碰上喜事还是倒了霉，都爱去一个地方，这就是潭柘寺。他可不是冲着烧香拜佛去的。在小德张心目中，一个法号叫闭月的和尚，似乎比佛祖更让他有倾诉欲望。相传当年小德张净身时，差点一命归西，幸遇出差化斋的闭月和尚救了他一命。此后闭月成了小德张的心理医生，潭柘寺成了他的心理诊所，小德张的每一个心理问题都要找闭月去咨询。闭月和尚企图感化小德张置功名利禄于度外，但小德张在此方面的理解能力似乎有限，最终闭月大师只能摇头承认：小德张与佛

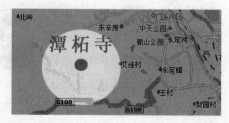

潭柘寺地理位置图

无缘。尽管如此，小德张还是把闭月当成心理医生，尽管每次心理咨询都是鸡同鸭讲，但似乎小德张每次从潭柘寺回来，心灵上都得到了些许放松。究竟是闭月大师的职业技能高超，还是小德张的心理暗示在作怪，我们就不得而知了。

强买强卖：李莲英宅(永康胡同2号)

小德张当了大总管之后，把家搬到了永康胡同2号。现在的永康胡同2号是一片现代化小区，往里走，我们才发现几间老房子。细一打听，不少人知道这儿曾经是小德张的宅子，但又有人说这儿原来是李莲英的住处。其实大伙儿说的都没错，这里边的故事您还得听我给您讲讲。

永康胡同2号的几间老房子

当年小德张进宫的时候，李莲英和崔玉贵分别为大总管和二总管，俗话说同行是冤家，俩人不太对付，后来小德张成了崔玉贵的徒弟，他可比他师傅有个性，跟李莲英势不两立，李大总管对小德张更是往死里整，可惜人家小德张福大命大，慈禧太后死后，又攀上了隆裕太后，而此时的李莲英已经是昨日黄花，大不如前了。小德张挺记仇，愣是把退了休的李莲英赶出了北京城，强行用1万两银子买下了永康胡同这座宅子，一番豪华装修之后，把自己的四位姨太太都安置在了这里。

第二产业：前门大栅栏1号

前门大栅栏是咱北京城老字号最多的地方，也是京味儿最浓的地方。大栅栏最有名的老字号之中，瑞蚨祥算是其中之一，就在瑞蚨祥对面，这家名为"宜诚厚"的商场，当年就是小德张的产业。当年这店面叫祥义号绸缎店，是京城八大祥之一，董事长就是内廷大总管小德张。据说当年祥义号跟对门的瑞蚨祥是针尖儿对麦芒儿的竞争对手，两家比着赛的装修、做广告，至于那会儿究竟有没有打折返券什么的，咱们就不知道了。

瑞蚨祥

解放后祥义号公私合营，改名叫前门妇女商店，1999年重建后改名为宜诚厚商场。

祥义号绸缎店

小德张爱钱，人家也会赚钱，从这点上看，他倒挺像李莲英。小德张在鲜鱼口开过一家永存当铺，现在已经没有遗址了，我们一路打听，并没有找到永存当铺的确切位置，只在附近找到了一座挂有"当铺遗址"标志的建筑，但关于它的历史，似乎就没人能说清楚了。

146

行贿受贿：袁世凯宅邸（王府井锡拉胡同）

小德张对于钱的爱好，如同对美女一样，都是多多益善，哪怕用不着，看着也高兴。据说当年宣统皇帝溥仪他爸爸进宫要见隆裕太后，都得先给小德张塞红包，正所谓阎王好见，小鬼难缠。

相传北京市东城区锡拉胡同19号原来是袁世凯的宅子，这里也是小德张经常走动的地方。如果说小德张是

锡拉胡同19号

个卖官鬻爵的商人，那么袁世凯就是他的老客户了。当年小德张拿了袁世凯的好处，在隆裕面前极力推荐袁世凯做湖广总督。一向没主心

骨的隆裕太后答应之后，袁世凯居然嫌官小，请病假不上班。小德张亲自到锡拉胡同探望，袁世凯借此机会，以50万两银子托小德张给谋个内阁总理大臣的职位。这内阁总理大臣的权力几乎相当于摄政王，跟宣统皇帝他爸爸载沣的权力差不

锡拉胡同地理位置图

多。小德张先是吓了一跳，不过毕竟是老江湖，之后顺顺利利地做完了这笔生意，袁世凯高价买下了内阁总理大臣的职位。

正是因为跟袁世凯的关系微妙，所以清政府倒台之后，小德张仍然过了一段好日子。直至隆裕死后，小德张觉得大势已去，于是请了长假，离开了宫廷，他从前门火车站上车，举家搬到了天津。

1957年，小德张在天津寿终正寝。81岁的阳寿，对于一个太监来说实在是不短了。当进则进，该退则退，是我们为小德张总结出来的处世原则。小德张善于把握分寸，从对光绪的同情，到对慈禧的效忠，甚至是对隆裕的暧昧，每一步都被他把握得恰到好处，以至于最后能够有一个善终。

如果评价清末四大太监，可以得出这样的结论：最猖狂的当数安德海，最得意的当数李莲英，最中庸的首选崔玉贵，而小德张，想必应该算是最聪明的那一个了。

北京卫视
播出时间：每周二 21：35
BTV公共频道
播出时间：每周日 11：35

北京戏曲博物馆

在这儿不仅可以了解京剧的发展演变，学习丰富的戏曲知识，观赏珍贵的戏曲文物，还可以见天的在大戏楼里看京剧、听昆曲。这博物馆就是北京戏曲博物馆。

北京戏曲博物馆

要说京剧，那可是中国的国粹，生旦净丑、唱念打坐，有很深厚的艺术内涵和很久远的历史渊源，即便在今天，好这口儿的人还是不少，特别是在咱北京城，戏迷票友那就更多了。这就带您找一个能听戏的博物馆去，在这儿不仅可以了解京剧的发展演变，学习丰富的戏曲知识，观赏珍贵的戏曲文物，还可以见天的在大戏楼里看京剧、听昆曲。这博物馆就是北京戏曲博物馆。

北京戏曲博物馆地理位置图

二百年沧桑变迁：从湖广会馆到戏曲博物馆

北京戏曲博物馆这地方，早先是湖广会馆。这湖广地区，自打元朝开始就是一个行省。清朝的时候每年有不少赶考的文人、做买卖的商人，还有等着封官的候补官员，从湖广来到京城，这帮人那是老乡见老乡两眼泪汪汪，为了歇脚吃饭、联络乡情，就集资盖个会馆，大概就跟现在各省设立驻京办事处差不离儿。这湖广会馆建于清嘉庆十二年，也就是1807年。道光十年，也就是1830年，又在会馆的前院兴建了这座大戏楼，形成了现在的布局。虽说这湖广会馆的门面不大，但在北京城也算是个知名的去处。曾国藩操办过会馆的重修，章太炎、梁启超在这儿发表过演说，特别值得一提的是，1912年孙中山先生五次来到湖广会馆，在此主持了中国国民党成立大会，后来随着时代变迁，湖广会馆逐步衰落，直到1986年，北京市政府提出利用湖广会馆的旧址建立一个戏曲博物馆，经过十年的努力和修缮，1997年9月6日，正式成立了北京戏曲博物馆，这也是咱北京城的第一百家博物馆。

通行证：进宫腰牌

在戏曲博物馆里，收藏了一个金丝楠木的腰牌，您瞧，这上面刻着"升平署，道光二十五年制造"的字样。您知道吗，这升平署，是清朝宫廷管理戏曲娱乐的机构，专门负责从民间挑选艺人进宫给皇上唱戏解闷儿。在当时各大戏园子里都预留一个包厢，升平署的人往那一坐，看中了哪个唱戏的角儿，经审查合格，就发给他这么

金丝楠木腰牌

一块腰牌，有了这腰牌，那就等于有了一个进出紫禁城的特别通行证，什么时候皇上太后想听戏了，艺人就凭腰牌进宫去。从光绪九年为了庆祝慈禧太后生日，第一次挑选民间艺人进宫唱戏，到1911年清朝被推翻，升平署先后给一百五十多位京戏名角儿发过腰牌，其中就包括这块腰牌的拥有者——陈德霖。这陈德霖在当时可是一大腕儿，当过梅兰芳的师傅，他最

陈德霖

擅长扮演青衣,最得意的一口,是唱《雁门关》里的萧太后。慈禧太后特别爱听他的戏,据说有一回,陈德霖在唱《雁门关》的时候,忘了戴头饰宫花,就斗着胆子禀报了慈禧,这老佛爷就让人把自己头上的宫花拿下来交给陈德霖,这下可不得了,以后这陈德霖甭管在哪儿唱戏,都得戴上这宫花显摆显摆。

珍贵文物:四大名琴与老唱片

在戏曲博物馆里,我们看到了不少珍贵的戏曲文物,这几件戏服行头,这些脸谱造型,这一个个名角剧照,似乎都在给我们默默地讲述着中国戏曲的发展演变历程。瞧这四把京胡,就是北京梨园行里的四大名琴,每把琴都有名儿,从左到右,

四大名琴

老唱片

第一把叫"罗汉担巧配佳筒",第二把叫"十三太保",第三把叫"盘龙珠",第四把叫"虎皮黄"。这四把京胡,是根据四大名旦梅兰芳、尚小云、程砚秋、荀慧生的嗓音条件和演唱风格而精心制作的。除了琴音悦耳之外,更能烘托出不同流派大师的艺术特色。还有这个手摇留声机,论年头已经一百多年了,在它周围摆放的这几张老唱片,灌制的都是京剧大师的著名唱段。这张是梅兰芳的《天女散花》,这张是孙菊仙的《桑园教子》,要知道在一百多

四大名旦

年前的北京城，能坐在家里听上京剧唱片的可不是一般人，能够灌制唱片的更不是一般的角儿。那年头京剧演员到唱片公司去灌唱片自己个儿不用掏钱，唱片公司每做这么一版，得给这京剧演员一千块现大洋呢。那时候买袋五十斤的白面都用不了一块现大洋，这一千块是多大一笔钱呐！所以说现在留下来的这些京剧老唱片儿，那都是够档次、够水平的名角儿唱段，是记录那段戏曲历史的宝贵文物。

演出环境：大戏楼

大戏楼

如果您到戏曲博物馆，不能不进这大戏楼看一看。瞧里面的大堂、舞台、包厢和茶座，门口这一溜鸟笼子，还有这会学舌的八哥，处处都透着一种老北京特有的风情。谭鑫培、梅兰芳都在这戏台上演过戏，但是要搁旧社会，登台唱戏可不是件容易事，要不怎么有句话说"好马不拉犁，好人不唱戏"呢。来听戏的都是找乐子的，不是欣赏艺术，所以啊，这戏楼里，台上唱着戏，台下卖瓜果小吃的，丢手巾板儿的，叫倒好的，扯闲篇儿的，大呼小叫的，那叫一个热闹。要是再赶上来个达官显贵、军警政要，或者是地痞流氓、黑道老大，保不齐那场子啥时候就炸了。1946年，著名的北平富连成戏剧学校，在这戏台上演京剧《打樱桃》，一个书童正念着"怪哉怪哉真怪哉，树上掉下个馅饼来"，没想到一个宪兵冲上台去，当场就把演员给揍了一顿，临了还来一句"为什么树上能掉下个宪兵来"，您说那叫什么世道。再瞧今天，甭管您是来欣赏名家大师的精彩表演，还是作为票友戏迷叫好捧场，台上台下，演员观众，那是一种互相交流，要的是和谐的艺术氛围。您想啊，往那一坐，喝着茶水儿，嗑着瓜子儿，听着戏文，瞧着演出，是不是件挺滋润的事儿啊，怨不得有这么些个老外，都在这瞧得津津有味呢。

聚元号弓箭

我们今天的这几位发现者找到了一位会制作传统弓箭的手艺人。

这部红遍大江南北的电视剧想必大家都不陌生,剧中弯弓射大雕的经典场面,到现在也值得我们回味。但我要问问您,这射雕英雄们所用的弓箭是怎么制作的,您就不知道了吧。我们今天的这几位发现者就找到了一位会制作传统弓箭的手艺人。

制作传统弓箭的手艺人

发现者： 团城演武厅古代兵器研究小组4位成员

发现目标： 聚元号弓箭铺,清朝北京东四 "弓箭大院" 里17家弓箭铺中唯一留存后世的弓箭铺。

创始人： 没有史料记载,不得而知。

现在经营者： 杨福喜,聚元号第10代传人。

弓箭特点： 弓梢较大,属传统反曲弓,纯手工制作。

聚元号弓箭铺

在发现者的带领下,我们在水利局宿舍区见到了杨师傅。您看这屋子里,除了弓箭,就是各种工具和做弓箭的材料,用杨师傅的话说,这都是弓箭行儿里的独门武器。

制作弓箭的各种工具

您别看这些工具很原始，但是离开它们还真就做不出好的弓箭来。杨师傅告诉我们，这弓箭制作的每一个环节都不简单，像这个环节，叫铺筋，它可关系到这一把弓箭的弓力有多重。

铺筋

这弓箭的制作可以分为两大部分，即"白活"和"画活"。"白活"指的是弓箭各个部件的衔接，而"画活"就是按照弓主人的身份和喜好，把弓进行修饰，说白了，就是包装一下，使其在拥有功能性的同时，也具有观赏性。您看这张弓上的字，就知道它是当年为庆祝聚元号成立100周年特别制作的。

弓上的字

没想到吧，这弓箭看上去是挺简单的物件儿，但这制作工艺和材料都大有讲究。光说这制作上的200多道工序，就能够让我们讲上几天时间了，所以今天也只能让杨师傅给我们大概讲讲这弓箭制作的几个环节，要想把这门手艺弄个门儿清，那还得您去聚元号亲自讨教了。

制作过程

这里是北京

北 京 卫 视
播 出 时 间：每周二 21：35
BTV公共频道
播 出 时 间：每周日 11：35

北京故事
BEIJING GUSHI

播出时间：北京电视台公共频道
周一至周五每晚21：15

　　《北京故事》是一档立足于北京本土，辐射燕山山脉区域内的文化类专题节目。节目内容贯穿北京古今，通过个性化的故事叙述，传递关于北京的历史文化常识、旅游生活信息，彰显北京的人文色彩及城市个性。在故事中寻求新老北京的共同点，探索新一代与老一代北京百姓的共同兴趣点。

　　该档节目旨在通过个性化的故事叙述，用生动的表达方式，趣味性的结构方式，现代的包装手法，宣传北京的历史文化，关注北京的发展变迁，展示北京的旅游亮点，激发外地观众对北京的了解欲望，增加本地观众对北京的理解深度，使更多的观众来关注北京、熟悉北京、热爱北京。展示北京有别于其他省市的独特形象和特有气质。《北京故事》有别于任何一类文化类或旅游类节目，它是在传统文化类节目的基础上，巧妙地融入现代元素，通过成熟的前期策划，寻找古今通道，发现新老北京的传承与变化，寻找中西方文化的区别与契合。

　　另外，栏目在语言上增加亮点。《北京故事》追求京腔京韵京味儿，并在此基础上，融入现代的语言因素，如网络语言、舶来语、新生事物词汇等等。

　　我们还在包装上采用带有箭头和标尺的标识，在侧重历史文化的基础上，将关注点延伸到现代北京。另外，节目重视音乐与音效的选择，同时运用漫画形象与空镜头结合，使故事更加生动，充满趣味性。

小凤仙在京遗迹

咱们翻开北京记忆，

去了解一个真真切切、义薄云天的青楼女子，

看看她到底跟北京城结下了啥样的缘分。

中国马文化博物馆

在这洋味十足的环境里，

究竟隐藏着怎样一座马文化博物馆呢？

文物保护背后的故事之灵岳寺篇

说到文物古建修缮，大家可能常听到的一个词，

就是"修旧如旧"。其实更准确地说就是不改变文物原状。

举个例子吧，门头沟斋堂镇的灵岳寺就是一个典型案例。

小凤仙在京遗迹

咱们翻开北京记忆，去了解一个真真切切、义薄云天的青楼女子，看看她到底跟北京城结下了啥样的缘分。

小凤仙，一个曾经叫响北京城的名字，一个听着就有那么点暧昧的称号，勾画出一个弱不禁风的青楼女子，成就了一段没有结果的虚幻爱情。她给我们留下的一切，正如蔡锷将军留给她的一切一样，犹如雾里看花、水中望月。小凤仙带着这些谜过了一辈子，咱们却不能一直这么糊涂下去，那么咱们就翻开北京记忆，去了解一个真真切切、义薄云天的青楼女子，人称凤姐儿的京城名妓——小凤仙，看看她到底跟北京城结下了啥样的缘分。

● 小凤仙在京档案

姓　　名：筱凤

祖　　籍：浙江

出生日期：1900年

享　　年：76岁

死　　因：突发性脑溢血

职　　业：曾从事娱乐业。

　　　　　1951年，经梅兰芳介绍，到一家学校当保健员。

绯闻男友：风流将军蔡锷

婚姻状况：曾经嫁给一个国民党高级军官，二婚时嫁给了一个工人。

实习地点：前门外

前门一带不管是在从前，还是现如今，都算得上是北京城最繁华的地段儿之一。其实说来，小凤仙也算是忠良之后，先人因为卷进了戊戌变法这档子事，最终落了个家破人亡，留下正值豆蔻之年的小凤仙，无依无靠，只能用青春赌明天了。因此小凤仙反清思想非常坚定，更是对出卖维新派的袁世凯深恶痛绝。

小凤仙

小凤仙初到北京，就在前门外的茶馆儿里卖唱，至于当初的唱腔、身段儿，在行里充其量也就算是个实习生的水平。但人家机会来了，您还真拦不住。八大胡同之陕西巷云吉班的星探，就在前门外发现了小凤仙这颗明日之星，小凤仙从此正式下了海，签了约，归在了云吉班的旗下。

工作单位：陕西巷 云吉班

别看北京城的八大胡同一向以浑然一体的形象示人，其实这八条胡同在行内也有贵贱之分。陕西巷就属于一等妓院聚集区，汇集了一批才色双全的高档艺妓。当年赛金花开的怡香院，堪称陕西巷的金字招牌，之后又出了个小凤仙，这条烟花柳巷也算是人才辈出了。

蔡锷

据说当年小凤仙之所以选择妓女行业，并且签约云吉班，一部分原因就是想接近袁世凯，找机会报家仇。人为加上天意，小凤仙成了妓女，也正是借助这种身份，才令她有缘结识了蔡锷将军。而此时的小凤仙，早已不是当年的黄毛丫头，俨然一副当家花旦的架势，人们尊称她为"凤姐儿"。

不见不散：会贤堂(西城区前海北沿18号)

西城区前海北沿18号，早年间是北京城最气派的酒楼，现如今已经成为了民居，早没有了过去会贤堂的气派。不过这里的历史，人们大都耳熟能详。大太监李莲英这辈子的最后一顿饭，就是在这儿吃的。小凤仙跟蔡锷后来也经常在这

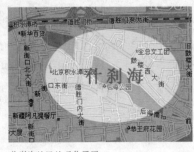

什刹海地区地理位置图

儿约会，两人时不时的就人约黄昏后一把，一副不见不散的架势。想当年

前海北沿一处民居

这半真半假的一对儿，最大的爱好就是抛头露面，原因很简单，蔡锷需要绯闻。人家倒不是想出名，不过是想让袁世凯以为他沉迷女色，对他疏于防范。这招挺有效，最终蔡锷的目的达到了，还顺手捧红了绯闻女主角儿小凤仙。

"救火队员"：蔡锷府(西城区棉花胡同66号)

北京现在有两条棉花胡同，东城有一条，叫东棉花胡同，就是现在中戏的所在地，而咱们要说的这条跟小凤仙密切相关的棉花胡同，它在西城，具体目标锁定西城区棉花胡同66号，蔡锷府。

蔡锷故居

当年66号应该说是蔡锷将军的后院儿，老婆孩子以及老妈都被安置在这儿，而蔡锷本人，经常跟小凤仙同居在云吉班里。这边俩人浓情蜜意，那边蔡锷将军的后院儿早就火上房了，蔡夫人闹离婚闹上了法庭。不明真相的小凤仙，还高姿态地当了回"救火志愿者"，跑到棉花胡同66号跟蔡夫人讲

棉花胡同地理位置图

和，并为自己的第三者插足表示歉意。至于当时小凤仙到底清不清楚人家夫妻俩的默契，这其中的真真假假她又能知道多少，咱们就不得而知了。

登堂入室：徐世昌宅(东四六条一六六中学)

蔡锷和小凤仙，似乎恐怕别人不知道他们俩的关系，俩人像套餐一般共同出入各种场所，小凤仙更是借此登堂入室，开了眼界，见了世面。

徐世昌宅

现在东四六条的一六六中学，过去是徐世昌的宅子。当年徐世昌过生日，请了蔡锷，蔡锷毫无创意地照旧带小凤仙前去赴宴。大伙儿都知道蔡锷将军带来个美女，都挺关注，就这样，这对才子佳人差点抢了人家老寿星的风头。

徐世昌面子大，请来了谭鑫培唱堂会。这谭老板可算是小凤仙的心中偶像，戏一开场，甭管是看热闹还是看门道，反正这好也叫了，瘾也过了，小凤仙算是开了眼。回云吉班之后，绘声绘色地跟姐妹们复述了自己的见闻。

像这样的场合，蔡锷每次必带小凤仙，人物

徐世昌

越多，影响越大，蔡将军跟小凤仙的关系就越公开，袁世凯也就越当真。就这样，小凤仙一边跟蔡锷逢场作戏，一边丰富自己的业余生活，估计难免会遭到其他姐妹们羡慕、嫉妒、恨。

同事聚会：新丰楼饭庄(宣武区白广路大街35号)

白广路大街35号

宣武区白广路大街35号，现在是一个叫做"百味斋"的饭馆，要说这地界儿跟饭馆的渊源，至少可以追溯到清末民初。当年这叫新丰楼饭庄，是个晚清大臣家的厨子开的饭馆，能做几样密制的官府菜，专门伺候那些出了宫，丢了顶戴的遗老们。

这新丰楼在当年可是属于高档的馆子。自从蔡锷去了上海，小凤仙就在这儿多次请她的青楼同事小桃红及其男友吃饭，只因为小桃红的男友是小凤仙获得蔡锷消息的唯一途径。

自从得知蔡锷病重的消息，小凤仙横了心要去上海，也是在这个新丰楼饭庄，小桃红的男朋友拐弯抹角地给她做思想工作。要说这小凤仙还是有觉悟，一想到自己赶去上海会坏了蔡将军的名声，二话没说，忍了相思之苦留在了北京，也正是因此，小凤仙最终没能见到蔡锷的最后一面。

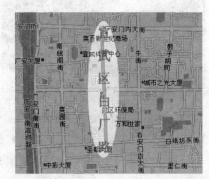

白广路地理位置图

聚散两依依：中山公园

中山公园

天安门边上的中山公园，过去叫中央公园，这里对于小凤仙来说，可谓是悲喜交加之地。早年间小凤仙和蔡锷经常在中山公园的来今雨轩约会，就在法院判决蔡锷跟元配夫人离婚的第二天，报纸上就登出了一张小凤仙喂蔡锷吃面包的照片，而这张照片的拍摄地点，就是来今雨轩。可以说来今雨轩记录下了小凤仙与蔡锷最温情浪漫的一刻。但造化弄人，关于蔡锷逃离北京的细节，也有一个版本涉及到来今雨轩。说是小凤仙和蔡锷约会在此，四周袁世凯耳目众多，蔡锷把衣服、帽子

中山公园地理位置图

都留在座位上，制造人还在的假象，自己假装上厕所，其实一路直奔前门火车站，按计划登上了前往天津的火车。这边只剩下小凤仙回味着与蔡将军亦假亦真的一段温情岁月。

来今雨轩

更凑巧的是，蔡锷的追悼会也是在中山公园举行的，据说有人见到小凤仙参加葬礼，还送了副挽联，但当人们发现她的时候，小凤仙已经匆匆离开了中山公园。

小凤仙在蔡锷死后，又

不得不重操旧业，试想若是蔡将军在时，不知是否忍心目睹红颜知己重新堕入红尘。

收山之后，小凤仙结过两次婚，最终嫁了个工人，在东北安了家，晚年突发脑溢血，一头栽倒在自家的小厨房里。

关于这位曾经红遍了大半个北京城的一代名妓，有人说她有倾国倾城之貌，却也有人描述她长相气度皆为中等。有人说她是一代爱国义妓，却也有人说她假戏真做，逃不过儿女私情。这个话题是非难辨，也不必去辩，自古有"情人眼里出西施"的道理做后盾，恐怕只有人家当事人才有权定义自己的情感性质，你我之辈在这里妄加评论，恐怕就是徒劳且多虑了。

北京卫视
播 出 时 间：每周二　21：35
BTV公共频道
播 出 时 间：每周日　11：35

中国马文化博物馆

中国马文化博物馆，听着有点像青少年科普场馆。但您看周围这环境，八达岭脚下，一水儿的两层小别墅、高尔夫球场，听

阳光山谷

中国马文化博物馆地理位置图

说不远处还有跑马场、滑雪场，透着那么点异国情调。人家还有个挺有情趣的名字，叫阳光山谷。在这洋味十足的环境里，究竟隐藏着怎样一座马文化博物馆呢？

优势突出：臀大头小的铜铸马

一进门儿，工作人员的一通介绍就把这马文化博物馆上升到了艺术的高度。您看这满眼的马，我先给您挑一个最具有艺术气质的，就是这个，臀大头小的铜铸马。人家不是说过吗，艺术是源于生活，而又高于生活的，所以您要坚持说这座雕塑更像大象，那您绝对是没有艺术细胞了。

铜铸马

这匹马，绝对是"臀大有理"，之所以这样突出马的构造，就是为了显出马的优势。在这给您普及个知识，马奔跑的动力，全部来自后腿和臀部的力量，马臀这部分大概相当于汽车的发动机，也是马身上最金贵的地方，一匹好马，身价几百万，这么一算，咱这"马屁"，还真是轻易拍不得。

清代运钞车：镖车

门口最扎眼的，当数这辆木轮车。这可是件清代的实物，是当年的镖局用来押镖的，跟现在的运钞车差不多。前边这位置，就是马的工作岗位，现在是"火车跑得快，

镖车

全靠车头带"，过去是"镖车跑得快，全靠马来拽"。那时候马起到的作用，相当于现在的发动机。现在已经很难看到马拉车了，即便还有大车，那前边拉车的也是骡子。不过现在骡子车走的路程，无非是在城镇与农村之间，想当年这镖车可是得翻山越岭，要是换了慢吞吞的骡子，还真胜任不了这项艰巨的工作。

小块头有大智慧：紫檀木马

博物馆里，岁数最大的，就是这匹不起眼的小木马。您别看它浑身伤痕累累的，人家可是明末清初的物件儿，能保存成这样已经不容易了。

木马

这匹木马是明末清初河南一个大财主的陪葬品，由紫檀木雕刻而成，紫檀木是木材中的极品，几百年才能成材，而且紫檀大都产于中国，大件紫檀家具分量重，不方便运输，所以外国人只能买些笔筒、

小摆件回去，当成宝贝。据说拿破仑墓前有一把巴掌大的紫檀椰模型，就让欧美人羡慕不已。材料好，年代远，使这匹木马近年来身价倍增，由收购时候的2万，上升到了今天的200多万，可以算是"小块头有大智慧"了。

雾里看花：奔马长卷

奔马长卷

在众多的绘画作品中，最热闹的，恐怕就是这幅奔马长卷了。论价值，这里的每一幅画都是精品，眼前这幅恐怕不足为奇，但我问您一问题，就足以让您盯着它看半天：您知道这幅画上，一共有多少匹马吗？卡壳了不是，您看这马画得虚虚实实，犹如雾里看花，水中望月，据说就没人能数清楚。我告诉您得了，一共27匹，这也不是我们数出来的，而是工作人员告诉我们的。您记准了，下次带朋友来的时候，还可以显摆显摆自己的眼力，不过可别真的掰着手指头去数，回头数乱了，露馅了，咱也丢不起这个人不是？

人马合一：英美马文化展区

展厅最里边，开辟了一个英美马文化展区，用这词您可能觉得挺深奥挺枯燥，但我一说"西部牛仔"，您就来精神头了吧。您看这些行头，是不是在电影里见过，这儿摆的可都是真的，您别看西部牛仔大都性格粗犷，但他们的行头，可样样都细致得像件艺术品。

您再看这桌子，是用一个马槽做成的，上面搭块板就是桌子，晚上还能当床使。这可不是家具展示，就是想告诉您，对于西部牛仔

西部牛仔的行头

来说，人和马的生活是融为一体的。据说马的嗅觉非常灵敏，能在尸体遍地的战场上找到自己的主人，把主人营救回去，所以对于西部牛仔来说，爱马胜过爱自己。

桌子

中国马文化博物馆转了一圈，您可别急着走，大老远来一趟不容易，这外边还有跑马场，您能跟活生生的高头大马来一次亲密接触，不过我给您提个醒，安全第一，这马也有马的脾气不是？

北京卫视
播出时间：每周二 21：35
BTV公共频道
播出时间：每周日 11：35

文物保护背后的故事之灵岳寺篇

说到文物古建修缮，大家可能常听到的一个词，就是"修旧如旧"。其实更准确地说就是不改变文物原状。举个例子吧，门头沟斋堂镇的灵岳寺就是一个典型案例。

说到文物古建修缮，大家可能常听到的一个词，就是"修旧如旧"。其实更准确地说就是不改变文物原状。举个例子吧，门头沟斋堂镇的灵岳寺就是一个典型案例。那么什么是原状？恢复到什么程度呢？对于外行的人确实是很神秘的，今天的节目就将给您解开这个谜团。不过在解密之前，咱们先来

斋堂镇地理位置图

灵岳寺

一块儿认识一下灵岳寺。

提起灵岳寺，说起它的建筑年代，最远可以追溯到唐朝贞观年间，那会儿这儿叫白贴山院，到了金代名灵岳寺。在咱北京

门窗   砖石   彩画

像这样一千多岁的文物古建实在是少之又少。

然而在这处年代久远的寺庙里边，不经意间，专家们却找到了带有明显的辽元明清等朝代的建筑痕迹。您比如说，门窗是明代以前的木结构形式，殿墙上的砖石是唐、辽那会儿的，大殿里的彩画大都是明朝的，还有院里的这块元代重修碑记。

元代重修碑记

● 采访王世仁（古建专家）

您看，这不是重修灵岳寺的碑记嘛！上曰：灵岳寺唐贞观年创建。

答案是显而易见的。这说明灵岳寺历经的那几个朝代都分别对它进行过修缮。

话说至此，灵岳寺到底有什么与众不同之处，会引起历朝历代人们如此的重视呢？

2005年8月，当专家团采用修旧如旧的方法，对灵岳寺展开新的修缮工作之后，我们才意识到灵岳寺的魅力所在。

为了做好灵岳寺的保护工作，北京市文物局邀请了国内许多著名的古建筑专家亲临现场指导，其中包括于鸣谦，柴泽俊，王世仁，王仲杰，张之平等诸位专家。在我们

古建专家王世仁在灵岳寺修缮现场

这样的外行人看来，通常所说"修旧如旧"，最通俗易懂的解释，就是既要带有沧桑古朴的美感，又要保持非常完整的建筑结构。这说起来容易，可做起来真是太难了。

● 采访王伟（北京市古代建筑研究所主任）

保持它的原真性，这不是很容易的。它的东西配殿，任何一个寺庙的做法、外观都应该是对称的，但是它现在不对称，就是因为它有过改造，改造没有具体时间，所以说我们也把它保留下来了。

东西对称是中国传统建筑里最常使用的一个营建法则，然而灵岳寺的不对称之美究竟是哪个时代的流行趋势？是哪朝修建时留下的标志？还是其他原因所致，我们就不得而知了。

不对称的东西配殿

然而，这却给最初的测量工作增加了难度，增大了工作量。以往修缮古建，因为东西对称，所以测量一个配殿，就能推算出其他配殿的数据了。但灵岳寺实属特例，几乎所有配殿的外观乃至结构都不一样，所以工作人员就更不能掉以轻心了。

更让人意想不到的是，在测量结果出现之后，工作人员和专家都愣住了。因为他们力求修旧如旧使用原构件的方法，很可能进行不下去。到底出现了什么情况呢？

调查结果表明，灵岳寺在辽元明清四个时期都进行过修缮，光是使用过的木料就有二十多种。但是这其中很多树种都已经灭绝了，所以想把它们都凑齐，简直比登天还难。

　　根据上级的要求，这回修缮，尽可能地保留原物，这是一，第二个是添配的木料，尽可能用旧料。因为我们公司多年做文物修缮，在北京这几年的城市改造中也用了一些旧的木材，我们收集了很多在库房，所以这回用的木材除了特殊需要以外，基本都是从库房挑的旧木料，做完了以后还做了一些仿旧的处理，效果还好，还不错。

　　在灵岳寺的修缮过程当中，寻找旧木料的确是一项有难度的工作。但是当决定继续使用大殿上现存的旧木料，而且还是残破到只剩一半的时候，专家和工作人员才真正意识到了

灵岳寺修缮现场，左二为徐雄鹰

加了铁皮的旧木料

此次修缮的难度所在。虽然他们后来把上边加了铁皮接着使，但是，我得问问您了，这么做到底是为什么呢？

　　您看看大雄宝殿修缮前后的对比照片，就明白了。左边是修缮之前的，右边是修缮之后的。乍眼一看，除了房顶上的杂草没了，门窗整齐了以外，没觉得有什么太大区别。关键就在这儿呢，这叫飞檐，它比咱们现在建筑的飞檐长多了。您不难发现，这是用两层柱子支撑着的，

修缮前的大雄宝殿

修缮后的大雄宝殿

外边这是清朝修缮的时候新加的。但即使这样，飞檐还是有点往下塌陷。然而，问题就出在前边看到的这些木头上，因为它们大部分就都只剩下一半了，没劲儿再托着大殿的房顶子了。

两层柱子

飞檐

按照《中华人民共和国文物保护法》，构件破损没有超过完整构件的十分之三，可以继续使用原构件。可您瞅，这些飞檐早就大大地超过标准了。那为什么还要接着使用呢？

总归一句话，就是因为灵岳寺历经的朝代太多，集多个时期的古建风格于一体。所以为了保留住各个时期修缮留下的遗迹，凡是有一丝希望还可以使用的构件，都得原封不动地留着使。

● **采访王伟**（北京市古代建筑研究所主任）

所有的构件尽量都要保存下来，除非这个构件烂到，比方说，就是一个椽子，都已经烂成手一抓都烂成一堆泥了，这就用不了了。凡是用不了的构件，必须是文物局的领导、我们所的设计人员、文委的同志等相关人员，还有施工单位的领导，都必须在场鉴定，这个东西确实使不了了，大家签字，非常严格。

● **采访刘长焕**（北京市文物古建工程公司项目经理）

像这个飞头尾部糟的比较多，就采取加固，一个是把劈的飞头打了两道铁箍，用薄一点的铁板卷了一下，进行加固，用环氧胶粘了一下，这样就把能够使用的旧料都给弄好了。

飞头

故事讲到这儿，不知道您注意了没有，无论是收集旧木材，还是旧文物木料的修复，目的只有一个，那就是坚持文物的真实性，套用一句专业术语，这就叫使用原材料、原工艺、原做法、原形式，以最小限度的干预为原则进行修复。

灵岳寺修缮现场，左三为李彦成

● 采访李彦成（北京市文物古建工程公司经理）

咱们国家已经加入《世界文化遗产宣言》了，你要做这个工作要遵守这个原则，也是我们文物修复工作的原则，这是从骨子里不能破坏的。

灵岳寺的修缮工作已经接近四年了，这在北京文物保护史上也是

小窗口

少有的，整个修缮过程现在已经基本上接近尾声了，刚才只说了两个非常典型的修旧如旧的案例，但是在整个修缮过程当中，我们也发现了一个非常有趣的点，在这个大雄宝殿的殿墙上有一个很奇怪的

原来的模样

小窗口，这个小窗口当年是谁留下的，又是干什么用的呢？透过窗户往里看，全都是破石头。先给您看看它原来是个什么模样。原来它是没用过的砖和废砖最后都堆

到一起。这其实就是大雄宝殿塌了的殿墙，正如专家所说的，大部分是唐辽时候建庙用剩下的砖石，当时为了省料，所以就拿它们砌了墙了。因为都是碎砖石，所以看上去就不像咱们现在用整砖砌得那么严丝合缝了。

话说到这儿，有一个常识我必须告诉您，就是如何分辨唐辽时期的砖石。唐代的砖石，最大的特点就是上边有绳纹，这是在烧制砖的过程当中用细绳一条一条划出来的。而辽砖上面有明显的钩纹，这是用钩子钩出来的。那么，砖上这些绳纹钩纹有啥说法吗？

灵岳寺修缮现场，左一为王玉伟

● **采访王玉伟** （北京市文物局文保处处长）

这个特简单，就是防止做上大泥以后来回滑动，防滑的。殿墙是使用了大量唐代建筑坍塌的构件重新组合起来的，它的珍贵性就在这儿。看，立一个小窗口，露出碎砖石展示给人们，这体现了对文物的保护理念。

您瞧瞧就这么一个小窗口，既让咱们开阔了眼界，还有助于了解灵岳寺的历史。这也算是一处独特的景观了。

时至今日，灵岳寺的修缮已经进入第四个年头了，它从最初的区级文物保护单位已经荣升为了市级文物保护单位，不久的将来还有望成为国家级的文物保护单位。虽然目前还有一些亟待解决的问题，比如寻找灵岳寺院墙上的石头，大雄宝殿里的地砖，但是工作人员都没有放弃，尽最大努力还原一个原汁原味的灵岳寺。

地砖

也正是因为它特殊的历史背景、特殊的生存环境，所以文物局也给了它一个特殊的待遇，不限制修缮工期。

修缮前

修缮后

天坛 祈年殿

北海

多少人儿时曾经在这里荡起双桨，暮年又蹒跚漫步在太液池畔。

山水相依，缺一不可，人文自然，水乳交融，哪怕方寸之间，

也要追求极致，这是北海的气质，更是北京的气质。

北海公园书法石刻博物馆

要说到北海公园里还有俩书法石刻博物馆，

恐怕知道的人就不多了。

别急，今儿个我就带您去瞧一瞧。

大威德金刚

殿内供奉的大威德金刚，牛首人身，形象威猛，

有36只手，36只眼，所以也被称为"千手千眼佛"。

北海

多少人儿时曾经在这里荡起双桨，暮年又蹒跚漫步在太液池畔。山水相依，缺一不可，人文自然，水乳交融，哪怕方寸之间，也要追求极致。这是北海的气质，更是北京的气质。

这里有横跨五代的久远历史，这里是蓬莱仙境的人间再现。江南的秀色，帝都的雍容，在此水乳交融。雕梁画栋之间，苍松翠柏之下，一座大内御苑的轮廓逐渐清晰，这就是东依景山，南望故宫，明清历代帝王家的后花园——北海。

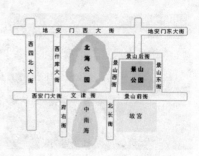

北海公园地理位置图

● **北海在京档案**

姓　　名：北海

体貌特征：面积约71公顷，其中一半以上是水面。怀抱万寿山、琼华岛、琉璃河、九龙壁、白塔、团城等等。整体设计灵感源自中国神话中蓬莱仙境"一池三仙山"的布局。

家庭出身：皇家园林

家庭成员：与中海、南海合称三海，又名西苑。

财产登记：古树新花、琼楼玉宇数不胜数，具体数字有待统计。中国第一条铁路就是从中南海通往北海静心斋的。

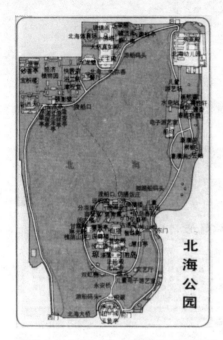

自古帝王将相，比老百姓更懂得享受，恨不得足不出户就赏遍天下美景，太液池北岸的静心斋就是把远在天边的高山流水挪到天子脚下。小桥流水，层峦叠嶂，远看山石玲珑精巧，置身其中却仿佛四面深山、奇峰环绕。山下从太液池高处水位引来活水，园内水域虽为一体，却此处静谧如镜，

静心斋

彼处水如泉涌。静心斋修建于乾隆年间，又称乾隆小花园，院子里的每个房间每个角落都曾经留下过乾隆爷的足迹。

豌豆黄进宫：镜清斋

光绪年间，慈禧在中南海听政，之后就到北海静心斋休息用膳。这儿基本上相当于慈禧太后的休息室兼别墅。静心斋的正殿镜清斋，是当年慈禧的主要活动场所。一进门就是条案宝座，想必当年这里就是慈禧太后的会客厅兼办公室。宝座背后别有洞天，三面窗格通透，统揽园中美景，相传当年慈禧太后在这儿休息的时候，被院墙之外的叫卖声惊扰，出于好奇，命人把小贩叫到跟前，才知道小贩吆喝的是民间小吃豌豆黄和芸豆卷。慈禧一尝，

镜清斋

大呼好吃。豌豆黄和芸豆卷就这样进了宫，堂而皇之地挤进了御膳的行列。都说慈禧一辈子要啥有啥，其实她一日三餐都得听人安排不由自主，想吃点可口的得提前预订，还不一定能吃上，难怪此时见到两样民间小吃如此没出息了。

镜清斋内一景

试想当年，慈禧太后在这斋内微倚龙榻，有一搭无一搭地抬眼便见园中秀色，信手拈来可口的小吃，想来人间极乐不过如此了吧。

内外两重天：半壁廊

半壁廊

静清斋北面正对着一组攀山而上的长廊，因为北墙砌起了墙壁，所以叫半壁廊，墙外就是西城区的平安大街。相传这条长廊之所以半面树墙，就是为了把皇家御苑与民间俗世隔开，以免扰了帝王家的清幽。我们所熟悉的电影《垂帘听政》中，一度被咸丰帝冷落的兰贵人，也就是后来的慈禧太后，为了吸引咸丰的注意，哼着小曲，步履轻盈地穿梭于长廊之间那场戏，就是在这半壁廊上拍的。半壁廊的尽头有一座两层小楼，据说站在楼上可以通览北海全景。若是追根溯源，说起来这叠翠楼应该和颐和园是一奶同胞，因为它们都是当年

叠翠楼

慈禧太后动用海军军费修建的。遥想当年，国难临头，国库空虚，慈禧太后不仅依然高消费，还有心在这居高赏景儿，其心理素质实在令人钦佩。

孝行天下：极乐世界 五龙亭

极乐世界

中国人自古讲究百善孝为先，作为大清国的一家之主的皇帝，当然要身体力行，乾隆爷就是其中的典范。在太液池的北岸，有一组方亭式宫殿建筑，称作是极乐世界，是当年乾隆爷送给亲生母亲孝圣皇太后八十大寿的生日礼物，专门用来为皇太后祈福求寿。清一色的明黄琉璃筒瓦，彰显着这组建筑的显赫背景。正中的观音殿，是中国最大的方亭式宫殿。观音殿四面环水，每面正中有小石桥跨水而过，桥外各有一琉璃

观音殿

牌坊。殿内有八百罗汉及仙山悬塑，释迦牟尼佛端坐莲台之上，脚下祥云密布，气势之磅礴，令人不时产生置身西方极乐世界的幻想。

乾隆孝顺，少不了家教有方，他爷爷康熙也是个孝子。极乐世界往东，太液池岸边，便是五龙亭，中

琉璃牌坊

间上圆下方的最大亭子叫"龙泽亭"，它是五龙亭的主体建筑，左右的四个亭子全是方形的，左为"澄祥亭"和"滋香亭"，右为"涌瑞亭"和"浮翠亭"。五

五龙亭

龙亭曲折排列在岸边，宛如水中游龙。五龙亭是帝后及近臣钓鱼、观看烟火和赏月的地方。相传当年康熙爷常陪着母亲和祖母在这儿乘凉，不仅如此，康熙爷还亲自乘船到五龙亭，给母亲请安送饭，可谓极尽孝道。康熙乾隆这爷孙俩，心里装着偌大一个国家，还得养活那么多老婆，外加应酬文武百官，就一个字"忙"啊。可是人家这样都没忘了孝敬父母，联想现在，那么多空巢老人，体恤整日奔波的儿女们，但咱要跟人家皇帝比起来，真又能忙到哪儿去呢？

慈禧至爱：团城 玉佛

　　北海的标志性建筑，除了琼岛上面的白塔，恐怕就数团城了。北海一池三仙山的格局中，团城象征着蓬莱仙境的瀛洲。团城上有座承光殿，里面供奉着一尊玉佛，相传这是清末一个叫明宽的和尚从缅甸给慈禧请回来的。按理说给当时大清朝的慈禧太后送礼可不那么容易，一个和尚之所以能巴结上慈禧太后，一是这尊玉佛实在魅力四射，慈禧对它情有独钟。另外据说这其中还多亏了李莲英牵线搭桥，随后慈禧命人火速在承光殿搭建佛座，选择

承光殿

吉日，虔诚地将这尊远道而来的玉佛请进了北海。

　　这尊佛像用一整块白玉雕琢而成，通体洁白，全身镶满红蓝宝石，光影交错，佛光冲天。当年八国联军进城，看上了这尊玉

玉佛

佛，但因为太沉搬不走，于是企图砍下佛像手臂，所幸未能得逞。如今玉佛的左手臂上，还能看到当年留下的刀痕。更难能可贵的是，我们眼前的这尊珍贵文物，百年来既没有严重损伤，又没有经过修复。当年被慈禧太后顶礼膜拜的玉佛，如今游人百姓即可拈香礼拜，可谓值得庆幸。

玉佛局部

居高临下：琼岛 白塔

白塔

每一个来过北海的人，若要勾勒这座皇家御苑的轮廓，最先浮现在脑海里的大都是那座闻名遐迩却始终神秘的白塔，说不清是白塔因为北海而出名，还是北海因为白塔而让人铭记在心，但无疑的是，无论是说起北海，还是单论白塔，都不能忽视另外一个主角儿，这就是北海的心脏——白塔脚下的琼华岛。燕京八景之一的"琼岛春阴"，说的就是这座位于太液池中心的琼华岛。永安桥将团城和琼岛连成一线，形成了北海的

琼华岛

中轴线。步入永安寺山门，便见古树参天，琼楼玉宇依山而建，掩映其中。穿过法轮殿、正觉殿、普安殿，便可拾级而上，直奔居高临下的白塔。白塔为藏式喇嘛塔，相传塔内有一根高30米的通

永安寺

天柱，顶上金盒内藏有舍利。

藏舟浦

1976年唐山大地震波及北京，北海白塔也受到影响，塔顶损坏。在修复过程当中，工作人员发现塔内主心木中有一个金漆盒子，二寸见方，盒盖绘有太极阴阳图，盒内藏有两颗舍利。关于白塔是一座舍利塔的传言，自此得到印证。

泛舟太液池

北海东岸，有座"藏舟浦"，大概也就相当于咱们现在的车库，只不过人家是用来停船的，只有皇帝的船才有份儿安身于此。如今的藏舟浦依旧发挥余热，两艘雕梁画栋、披金结彩的豪华龙船停放其中。过去泛舟太液池乃是帝王专享，如今你我平民百姓，皆有机会享受皇家极乐。今日之龙舟，可比当年，依旧是上结楼台，以金涂之，倍加华丽。凭栏远眺，水天一色，脚下碧波涟涟，远眺烟波浩淼，沿岸亭台楼阁，苍松翠柳光影相随，此时蓬莱仙境的玄妙之处，才被心领神会，一览无余。

初夏黄昏，和风拂面，整个北海浸于暮色当中，琼岛北岸的漪澜堂，原来是皇帝及其家属用膳的地方，如今开辟为了闻名中外的仿膳饭庄，可以为船上游客提供各色宫廷膳食。此时湖光山色、琼浆月影一应俱全，令人尽享举杯邀明月、对影成三人的闲情雅趣，正所谓旧时水上帝王宴，荡入寻常百姓家。其实说来，历代帝王还不一定比今人懂得享乐，至少彼时的北海，恐怕就难有今天的光影相随、璀璨生辉了吧。

与其说北海是一座园林，不如说北海是一个世界，一砖一瓦，

仿膳饭庄

一草一木，处处中西合璧，南北交融。北海历经五代盛衰，享尽帝后专宠，千百年来，任凭墙外喧哗躁动，墙内永远是一片和谐、宁静。80年前，这座皇家御苑第一次敞开大门，多少人儿时曾经在这里荡起双桨，暮年又蹒跚漫步在太液池畔。山水相依，缺一不可，人文自然，水乳交融，哪怕方寸之间，也要追求极致，这是北海的气质，更是北京的气质。如果要给北海一点祝福，不需要煽情，也不必华丽，只要"保重"二字就好，哪怕未来一百年一成不变，依旧是个绝美的好去处。

北 京 卫 视
播 出 时 间：每周二　21：35
BTV公共频道
播 出 时 间：每周日　11：35

北海公园书法石刻博物馆

要说到北海公园里还有俩书法石刻博物馆，恐怕知道的人就不多了。别急，今儿个我就带您去瞧一瞧。

要说到北海，您通常会想到那里的太液池、琼华岛、白塔、五龙亭。但是要说到北海公园里还有俩书法石刻博物馆，恐怕知道的人就不多了。别急，今儿个我就带您去瞧一瞧这公园里的博物馆，它们俩啊，一个叫阅古楼，一个叫快雪堂，可是过去皇家收藏书法石刻的地方。

皇帝钦定：为书法石刻修建阅古楼

阅古楼书法石刻博物馆位于琼华岛的西侧。甭瞧这儿的门面不大起眼，但它的来头可不小。这阅古楼是清朝乾隆皇帝特意下旨建造的，专门用于收藏书法石刻。要知道咱中国的书法艺术博大精深，源远流长，称得上是中华文化艺术的瑰宝。

阅古楼书法石刻博物馆

虽然乾隆爷的根是从关外来的满族皇上，可他对中原的汉族文化却有着非常浓厚的兴趣，他不但能写一手好字，而且酷爱先人的书法作品。尤其喜欢晋朝"三王"的帖子，也就是东晋大书法家王羲之的《快雪时晴帖》、王羲之的儿子王献之的《中秋帖》，还有王羲之侄子王珣

《中秋帖》

的《伯远帖》。开始乾隆皇帝是把这仨帖子挂在自己住的养心殿西间屋，还给这屋起了个名叫"三希堂"，大概就是说这屋子存放了三件稀罕物。

过了一年，也就是1747年，乾隆又琢磨着要用一种新的方法给这三篇帖子整个更好的去处，既要能长久保管，又能啥时候想看就看，这就寻摸到北海了。是啊，这北海离紫禁城不远，是自己的皇家园林，外人甭想进来，还是儒释道三教合一的风水宝地，把书法珍品放在这儿，那是再合适

《伯远帖》

北海琼岛

不过了。于是乎，乾隆爷一道圣旨，特批三万四千两银子，选择北海琼岛的西北山坡，专门建造一个庭院，把"三王"的书法字帖刻在铜青石上，永久性地珍藏在这了。这院子就是今儿的阅古楼。现在看起来，乾隆爷的这个主意算得上是干了一件惠及后人的好事。

皇家珍藏：历代书法石刻精品

建造这阅古楼，开始是为了珍藏晋朝"三王"的书法帖子，可咱这位乾隆爷还觉得不满足，他还亲自写了《三希堂法帖》序言："书为游艺之一，前代名迹流传，令人心怀珍慕，是以好古者恒钩橅镌

阅古楼内一景

刻以垂诸奕祀"云云。这意思是说，咱中国的书法太棒了，好字太多了，干脆来个优中选精，借着这个机会把历朝历代的书法精品都搞成石刻集中在一处，那岂不是更好吗？

皇帝一发话，大臣们就紧着落实吧。户部尚书梁诗正、军机大臣汪由敦等人一通忙活，忙不颠儿地在内务府所藏的名家书法手迹中，选出了魏晋到明末的135人的340件作品，另有题跋210多件、印章1600多方，编成了《三希堂石渠宝笈法帖》32卷，请了一批上等的刻工，花了7年的功夫，把这9万多字通通刻在这495方石头上，一股脑儿地放进了阅古楼。

这可都是皇家收藏的书法珍品，不仅荟萃了我国历史上最具代表性的书法艺术，而且又是我国现存最完整的古代书法集成石刻，成为咱书法艺术的宝库。

"笔筒"记忆：《兰亭序》的传奇经历

有人说这阅古楼像个大笔筒，仔细一瞅，还真是有这么点儿意思。整个阅古楼是个半月形的建筑，当间儿是个天井，一粗一细两棵古槐，像不像插着两枝大毛笔啊。四周布满了书法石刻的拓片，这一方

阅古楼一景

方的石刻，不仅字写得漂亮而且刻术精湛，刀锋清晰，其中既有文人墨客的笔迹，也有帝王将相的墨宝，像咱知道的颜真卿、柳公权、苏轼、米芾、蔡襄，是应有尽有啊。当然这里也少不了乾隆皇上的墨迹，瞧，

"烟云尽态"

这块"烟云尽态"就是出自乾隆皇帝的手笔。

伴随着这里的每一件石刻都有一个传奇故事，特别值得一提的是王羲之的《兰亭序》。这篇《兰亭序》被称为是"天下第一行书"，据说是写于东晋永和九年，也就是公元353年的三月初三。那天王羲之在浙江会稽（今浙江绍兴）兰亭整了个饭局，公款请客，张罗了一帮子文人哥们儿饮酒作诗。当时为了汇集大家的诗作，王羲之趁着酒兴写下了《兰亭序》，这篇序文共28行，324个字，真是笔力飘逸、字字精美。可惜的是这篇书法精品的真迹到了唐朝就失传了。有的野史记载唐太宗李世民喜欢王羲之的字，总想

《兰亭序》

李世民

独吞，就派了一个名叫萧翼的朝廷御史，连偷带骗，把《兰亭序》从王家后人那里弄到了自己手里。李世民把《兰亭序》复印翻拓，让人广为摹写，而《兰亭序》的真迹，则在自己死后陪葬在陕西昭陵。

说起来这李世民在历史上也算是个有作为的皇上，可这件事他干的可就太不地道了。据说如今在阅古楼里看到的《兰亭序》，是唐朝的冯承素摹写的，也被公认为是摹写得最好最像的一块儿。

唐代冯承素摹写的《兰亭序》

珍品归宿：再建一个快雪堂

在北海公园里还有一个书法石刻博物馆，位于北海北岸，那就是快雪堂。按说北海园子里已经有一座收藏书法石刻的地方了，乾隆皇帝

快雪堂

怎么又想建一个呢？这里有一段有趣的故事。

相传在明代末年，当朝大学士冯栓得到了王羲之的《快雪时晴帖》真迹，他就把这篇名贵的真迹字帖连同晋代至元代20位书法名家的80篇墨宝，请当时的篆刻名家刘光旸摹刻上石，形成了《快雪堂石刻》。冯大学士本想把这石刻作为传家之宝，可他的后人不争气，家道败落，最后这伙儿败家子儿看这石刻还算是个值钱的物件，居然把它搁到当铺里给卖了。到了乾隆中后期，闽浙总督杨景素发现了这块石刻，尽管他自己对书法不在行，但他知

《快雪堂石刻》

道乾隆皇帝喜欢书法，这可是逮着个表忠心拍马屁的好机会啊，杨总督立马把这石刻全部买下来献给乾隆皇帝。您别说，这马屁拍的还真是地方，乾隆果然是龙颜大悦，如获至宝。随即命令在北海的浴兰轩后院，

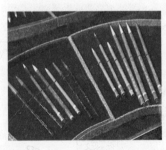

湖笔

再建一个金丝楠木的大殿快雪堂，将石刻镶嵌于东西两廊内。乾隆还特作《快雪堂记》记录了这段故事，也刻在石头上镶嵌于廊内。

快雪堂石刻内的这80块石刻，收录了颜、柳、欧、赵四大名家的精品名

188

作，尤其是王羲之的《快雪时晴帖》，更被乾隆皇上视为书法之首，以此为名题写了匾额，每有闲暇的时候一定来这儿仔细欣赏临摹，还题诗赞誉道："剩留快雪公天下，一脉而今见古朋。"

歙砚

在快雪堂的东西厢房，目前还收藏着笔墨纸砚"文房四宝"，您瞧这湖笔、歙砚、徽墨、泾县桃花宣纸都是享誉全国、世界闻名的。在这您还能看到宣纸的制作过程，煮草、晒滩、水椎、碾料、洗漂、捞纸、榨纸、揭纸、烘纸、剪纸，可真是不容易，要不怎么叫有学问呢。

宣纸

北海的这两个书法石刻博物馆，不单收门票，您逛北海公园的时候要是有兴趣，顺便来这里转一转看一看，保证会有收获。

北 京 卫 视
播 出 时 间：每周二　21：35
BTV公共频道
播 出 时 间：每周日　11：35

大威德金刚

殿内供奉的大威德金刚，牛首人身，形象威猛，有36只手，36只眼，所以也被称为"千手千眼佛"。

提到北海公园，想必您一定熟悉，它历史悠久，布局讲究，建筑风格多样，文物繁多，位于咱们北京城的中心区。今天我们要给您带来的发现，就在北海琼岛的最高点——白塔旁。

发现者：白女士

发现目标：北京保护神——大威德金刚

● 采访白女士

它起到一个什么作用呢，就是保护北京城以绝水患。

这大威德金刚就供奉在白塔前的善因殿内，善因殿是北海内规模最小的一座殿堂式建筑，它和白塔都处于琼华岛的中轴线上。通往善因殿的石阶共有72级，这72的讲究在于是9的倍数，9可是咱们中国人认为最大的数字啊。石阶呈大于45度角向上延伸，威严陡峭，不

善因殿

免令人有些生畏。在石阶上我们还发现了一个特别的印文——"宝祥窑"。在明城墙遗址的墙砖上，我们也曾发现过同样的印文，看来这些

看似普通的石阶，来历可也不能小视啊。

供奉大威德金刚的善因殿是仿木琉璃结构，它面宽4.4米，大殿的形状是上圆下方，以示天圆地方，殿顶是一水儿的铜质瓦筒，金灿灿的宝顶，最吸引人的是大殿的四壁外侧装饰着红绿琉璃砖铸成的455尊佛像，非常华美庄严。

"宝祥窑"

佛像

● 采访白女士

大家看到的这个门和这个窗户的框，完全是由铸铜做成的，而且上面用铜铸的这个莲花的形式，在我国古代建筑中也是不多见的。

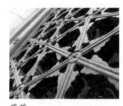

莲花

大威德金刚

殿内供奉的大威德金刚，牛首人身，形象威猛，有36只手，36只眼，所以也被称为"千手千眼佛"。36只手臂分别拿着不同的法器，脖子上戴着的是一串骷髅形的珠子，面貌有些恐怖，相传是文殊菩萨降妖的化身。现在我们看见的这尊是1994年根据原来的记录和图片重塑的。大威德金刚的两边摆放着数十种兵器，想来这位大威德金刚除了镇海之外，应该是十八般兵器样样精通。

法器

这么些年了，北京都没有发生过大的洪涝灾害，不知道跟这位大金刚有没有关系。

走出威严的善因殿，我们觉得视野豁然开

骷髅形珠子

朗，居高临下，不仅
可以观赏到北海全
景，也是观赏京城景
致的绝佳之地。明朝
人士韩雍曾经这样描
述他在善因殿前目睹
的景致：近而太液晴
波，天光云影，上下

北海一景

流动，远而西山居庸，叠翠西北，带似白云，东而山海，南而中原，皆
一望无际，诚天下之奇观也。

北 京 卫 视
播 出 时 间：每周二　21：35
BTV公共频道
播 出 时 间：每周日　11：35

曹雪芹在京遗迹

雁过留声，人过留名，

在北京的一些地方还是可以找到曹雪芹人生的蛛丝马迹。

梅兰芳纪念馆

走进北京市西城区的护国寺街，有这样一座四合院，

大门上高悬着一块匾，上书"梅兰芳纪念馆"。

这里就是这位京剧大师在北京的最后一处住所。

法源寺

北京城热闹了几百年，今天咱找个地方躲躲清静，

直奔位于宣武区法源寺前街7号的法源寺。

曹雪芹在京遗迹

雁过留声，人过留名，在北京的一些地方还是可以找到曹雪芹人生的蛛丝马迹。

一部《红楼梦》，电视、电影拍了又拍，一个曹雪芹，被专家学者猜了又猜，他的生辰卒年、起居饮食，都是话题，对于曹雪芹和他的《红楼梦》，真可谓是众说纷纭，仁者见仁，智者见智，没有绝对权威。然而，雁过留声，人过留名，在北京的一些地方还是可以找到曹雪芹人生的蛛丝马迹。

● 曹雪芹在京档案

姓　　名：曹霑，字梦阮，后号雪芹。

出生日期：1724年

享　　年：39岁，虚岁40（以上生辰卒年依据周汝昌著作《曹雪芹画传》）

职　　业：作家

主要作品：《红楼梦》

社会贡献：为一批当代学者、作家、理论家提供了精神食粮，且开辟了一系列旅游资源。

现实意义：为青春偶像剧的前辈、电视剧《红楼梦》打下了坚实的文本基础，塑造了一代女性心目中的偶像巨星贾宝玉，为广大男同胞树立了怜香惜玉的典范。

家庭住址：蒜市口十七间半(广渠门内大街207号)

曹雪芹到北京的第一个落脚之地，在崇文区广渠门内大街207号，也就是我们常说的蒜市口十七间半房。那年他才5岁，赶上老爸走了麦城，锒铛入狱，曹家被抄，只剩下了京城这十七间半房，成为了他们一家子的安身之所。

1736年，曹雪芹12岁。赶上乾隆登基，大赦天下，曹雪芹的老爸也被免了罪，复了职。再加上有几个富贵亲戚跟乾隆爷关系不错，曹家从此风光如故，蒜市口的十七间半一度门庭若市，拜访者当时之殷勤，与曹家倒霉时的冷漠相较而言，不免有点看人下菜碟儿之嫌，这段时间对于曹雪芹来说，最大的意义莫过于重逢了当年因家庭变故而失散的表妹梦霞。俩人青梅竹马，两小无猜，可谓天造地设的一对儿。但好景不长，三四年之后，曹家再遭变故，最终棒打鸳鸯，有情人难成眷属。

蒜市口十七间半所处的位置，在当年算不上好地段儿，但现在这里已经成为了黄金商业街区，我们再也找不到任何曹雪芹故居的遗迹，连蒜市口的地名都无处可寻。取而代之的是号称精品的现代化小区。

搭救父亲走后门：礼亲王府花园(海淀区海淀镇西南乐家花园)

曹雪芹小时候在海淀区的礼亲王府住过一段时间，第三代礼亲王纳尔苏，后被封为平郡王，所以这儿又叫平郡王府。

礼亲王府

那时候曹雪芹的老爸获罪入狱，6岁的小雪芹在家长的指点之下到姑妈家，也就是平郡王府，求他大表哥小平郡王福鹏帮忙走走后门，救他老爸。福鹏跟当年还是四阿哥的乾隆爷是铁哥们儿，说话自然有分量。虽然最终曹雪芹他老爸获释是赶上了乾隆登基大赦天下的好时候，但后来曹家重振旗鼓，就不能忽略领导的特殊照顾和提携了。

工作地点：西单小石虎胡同33号

曹家再次倒霉之后，曹雪芹丢了少爷身份，只好自谋生路。在西单小石虎胡同33号的右翼宗学府上班。如今再到西单，已经找不到石虎胡同的路牌了，但地方仍然很容易找到，中友百货后边热闹的民族大世界服装市场，便是33号的旧址。西单如今可算得上是寸土寸金，随便一个空间都能开辟成摊位，33号早已没有了往日四合院的清静，取而代之的是嘈杂的讨价声和叫卖声。尽管如此，右翼宗学府的四合院的格局还是清晰可见，站在中友二层的平台上俯瞰下去，尚能从屋顶的雕饰上看出老宅子的影子。

西单小石虎胡同遗址

当年的曹雪芹特会讲故事，相传右翼宗学府隔壁人家的丫鬟就爱听曹雪芹说书，以致痴迷。不料一来二去传出绯闻，曹雪芹一气之下辞了职，一个人找地方躲清静去了。如此敏感的一个人，要是生活在今天，恐怕是无处可逃了。

有情人终成眷属：香山正白旗39号

香山植物园的黄叶村里，有座曹雪芹纪念馆，一进黄叶村，就能看到一座曹雪芹的站姿雕像，这是前不久刚刚上岗的新雕像，据说现在站在这儿，是为了接受游人及专家的考验。关于曹雪芹的一切，一向争论不少，事关曹先生肖像的问题，当然更不能马虎。眼前的这座雕像，可

曹雪芹新雕像

谓是玉树临风，又高又瘦，却有人说曹雪芹其实是个胖子。眼前这雕像眉头紧蹙，愁苦之情溢于言表，却另有相传曹雪芹是个乐观狂放之人。关于他的长相，传言与争论如滔滔江水不绝于耳。

在旁边的竹林中，还有一座曹雪芹手持书籍的坐姿雕像在那躲清净，这是前不久刚刚下岗的旧像，不难看出这是年轻时候的曹雪芹，眉宇间英气逼人，倒有点文豪的气质。

黄叶村

曹雪芹故居

据说曹雪芹当年来香山，是为了陪一个被发配到西山正白旗军营的朋友，如此说来，这曹雪芹还挺够哥

曹雪芹旧雕像

们儿。曹雪芹博物馆的第一排房子，相传就是他居住过的地方，门窗还是当年残留下来的，在其中一间展室，我们可以看到当年这座故居的身份证——题壁诗，据说正是这墙壁上的诗文证实了此处便是曹雪芹编写《石头记》的地方。相传曹雪芹在这里迎娶了青梅竹马、两小无猜的表妹梦霞，也就是我们熟悉的脂砚。家庭变故曾经一度导致两人多次分分合合，甚至在曹雪芹居住在香山的时候，还因为某种特殊原因，与梦霞发展了一段近在咫尺却两地分居的地下恋情，最终在朋友的撮合之下，有情人终成眷属。

故居内景

题壁诗

北漂生涯：怡亲王别墅(白家疃小学)

关于曹雪芹，传说多于史实，据说他
的后半辈子基本上是吃百家饭，过着北漂一
族的动荡生活。位于京西的白家疃怡亲王别
墅，就曾经留下过曹雪芹的足迹。现在这里
已经成为了白家疃小学。当年的戏台还在，
我们依稀可以看到怡亲王家往日的繁华和气
派，也不难揣测穷困潦倒的曹雪芹寄居于此
的悲凉心态。曹雪芹一辈子没过过几天好

白家疃小学地理位置图

日子，但好宅子见过不少，他住过和绅家的马号，也就是恭王府的前

戏台

身，最早那里叫做西府，因此有人推
测《红楼梦》中荣国府的原型便是恭
王府。其实真假并不重要，曹雪芹能
描写出如此一座规模宏大、富丽堂皇
的王府，绝非闭门而造，集多个王府
特点之大成也是极有可能的。

瘦死的骆驼比马大：曹家当铺(通州张家湾)

在北京市通州区，有一个叫做张家湾的村
子，这里恐怕是北京城里关于曹雪芹传说最多的
地方了。俗话说瘦死的骆驼比马大，据史料记
载，曹家被罚没家产之后，在通州还有六百亩地
和不少产业。我们在张家湾听到这样一句民间谚
语：进南门走百步，曹家有个大当铺。曹家当铺
的所在地已经成为了一片荒地，村民都搬进了不

张家湾地理位置图

198

石碑

远处的现代化小区里，唯一可寻的遗迹，就是一段张家湾的古城墙。路旁一块刻有"花枝巷"的石碑，是曹家当铺所在地的唯一标志。摸索着花枝巷的大概路线，我们在百米之外发现了这块曹家当铺的遗址石碑，只可惜任何建筑都没有残存下来。如果这里真的是传说中的曹家祖产，那么曹雪芹穷困潦倒的时候为什么不投靠于此，至少也能混个温饱，却偏要凄苦度日，实在令人费解。

曹雪芹给我们留下了一部旷世奇书，同时也给我们留下了数不尽的谜。其实每个读者心中都有属于自己的那一本《红楼梦》，也都有自己设想的那一个曹雪芹，而那满纸荒唐言之后的真正辛酸滋味，恐怕只有长眠地下的人才能真正了解。至于那白茫茫一片是何时何处才能有的干净，恐怕连曹雪芹自己都只是漫无边际的期许罢了。

当铺遗址石碑

北京卫视
播出时间：每周二 21：35
BTV公共频道
播出时间：每周日 11：35

梅兰芳纪念馆

走进北京市西城区的护国寺街，有这样一座四合院，大门上高悬着一块匾，上书"梅兰芳纪念馆"。这里就是这位京剧大师在北京的最后一处住所。

梅兰芳纪念馆地理位置图

走进北京市西城区的护国寺街，有这样一座四合院，大门上高悬着一块匾，上书"梅兰芳纪念馆"。这里就是这位京剧大师在北京的最后一处住所。那个年代，咱北京的名人都住在这种小四合院里，梅兰芳先生当然也不例外了。从1951年到1961年，他在这里度过了人生的最后十年。

故居旧影：记录大师的生活点滴

一进院就瞧见这个大影壁，还有这座梅兰芳先生的半身像，在咱老北京凡是四合院都有这么一个影壁，主要是怕从外边看到里面的动静。绕过影壁是一个回廊，色彩鲜艳的彩绘，红漆的圆柱，甭说就知道，这是咱老北京的建筑风格。现在这院里分成了四个展览室，正

梅兰芳纪念馆

梅兰芳先生半身像

故居内的各种陈设

院的北房是故居陈列室，看这儿的各种陈设，字画、太师椅、老式电风扇，以及眼下难得一见的电子管收音机，都保持着梅先生生前的原状，为我们再现了这位京剧大师当年的生活情景，也显示出梅先生一生崇尚的简朴作风和生活习惯。

男扮女装：京剧旦行创始立派头一人

"四大名旦"

要退回六十年前，在老北京的梨园行里，提起梅先生梅老板的名头那真算得上是如雷贯耳、人人皆知啊。京戏是咱中国的国粹，生旦净末丑五大行当，梅先生挑的是旦行的头牌，也就是扮演女性的正角儿。别看梅先生是个男的，可他扮出来的旦角那叫一个漂亮，与程砚秋、尚小云、荀慧生并称"四大名旦"。您瞧外院南房第一陈列室里，展出梅先生这么多演出

演出剧照

的剧照，从《霸王别姬》到《贵妃醉酒》，那扮相、身段、举止、唱腔，都称得上是炉火纯青、美不胜收啊。梅先生在五十多年的舞台生涯中先后塑造了许许多多优美动人的女性艺术形象，形成了一个具有独特风采的京剧流派，也

就是梅派，成为了京剧旦行创始立派的第一人。

五彩斑斓：令人眼花缭乱的京剧行头

戏装

说到唱京剧，有两个是不能不说的，一个是男角儿行当里的脸谱，另一个就是女角儿行当的行头，也就是演出时的戏装。在内院东房的第二陈列室里，我们看到了梅先生当年使用过的一部分戏装。大家都知道，京剧是集文学、音乐、舞蹈、美术等多种元素于一体的综合艺术，其中戏装的形制样式和穿戴更是非常讲究，都有一套深奥的说道。瞧这些头面、首饰、水袖、绣带、钗裙，既有仙女贵妃高贵艳丽的服饰，也有村姑农妇朴实无华的衣着，可以说每一件都代表着一个人物的角色，每一件都能讲述一个戏剧故事。特别是梅兰芳先生穿戴起来，那更是倍添光彩。

以勤补拙：勤奋刻苦的艺术道路

梅兰芳广拜名师学艺

在陈列室收藏的一件件珍贵的图片和资料，为我们扼要介绍了梅兰芳一生的艺术活动，展现出梅先生为提高自己的艺术水平，付出了一般人难以做到的辛勤和努力。这些照片记录了他广拜名师、八方学艺的情况。甭管是什么门派行当，梅先生都虚心求教、集人所长。大概您也听说过他盯着鸽子练眼神的故事吧。要知道梅兰芳在小时候也经常挨老师的骂，甚至有的老师因为嫌他太笨都不愿意教他了。可梅先生不灰心，反而更加刻苦地埋头学艺，真是应了那句话，天才出于勤奋，就凭着这股劲，梅先生8岁学艺，11岁登台演出，不仅很快就在北京唱红了，而且在全国各地的知名度也越来越高。看这个展台里保存的是梅先生在北京、上海等地演出的海报，单凭这些您就不难想象出梅先生当年演出有多火啦。

永垂史册：为国粹艺术毕生贡献

在演艺圈里有这么一句老话，叫做认认真真演戏，清清白白做人。这句话用在梅先生身上，那是再恰当不过的了。在梅兰芳纪念馆里，我们不仅可以感受到梅先生很高的艺术造诣，而且更钦佩他高尚的民族气节和人格魅力。您瞧这张照片，这是抗日战争时期梅先生坚决不给占领北京的日本鬼子演戏，毅然留起了胡子。全国解放以后，梅先生又为振兴和繁荣京剧艺术作出了重大的贡献，正因为如此，梅先生在国内外有着很高的艺术声望，要不梅兰芳怎么能和斯坦尼斯拉夫斯基、布莱希特并列为世界三大戏剧体系的代表呢。在西房的第三陈列室里，这么多国内外友人赠送给梅先生的书法、绘画和纪念品，都是表达大伙儿对他人品戏德的崇敬呀。好了，对这纪念馆，咱说的是差不多了，您若有空，欢迎前来欣赏。

梅兰芳蓄须照

北京卫视
播出时间：每周二　21：35
BTV公共频道
播出时间：每周日　11：35

法源寺

北京城热闹了几百年，今天咱找个地方躲躲清静，直奔位于宣武区法源寺前街7号的法源寺。

北京城热闹了几百年，今天咱找个地方躲躲清静，直奔位于宣武区法源寺前街7号的法源寺。我所说的清静，不单单是环境，静心才是置身法源寺的第一感受。谁要想给法源寺印名片，职

法源寺

务那栏可有点复杂，人家既是中国佛学院，又是中国佛教图书馆，还是北京市文物保护单位，您还别嫌这法源寺门槛儿高，是个人进了门儿，都能找到自己感兴趣的看点，我立马儿就能挑出几样来给您念叨念叨。

尸骨如山：悯忠阁

进了门，您先跟我往后院儿走，这法源寺的命脉，是从第三进院开始的。

悯忠阁

第三进院的大殿，叫悯忠阁，给人的第一感觉是：高，实在是高！没错，悯忠阁的身高，在这法源寺里绝对算是羊

群里的骆驼，自古就有"悯忠高阁，去天一握"的说法，说的就是它顶天立地。要知道这座及天高阁可是20万尸骨堆砌起来的。说到这儿，您先别害怕，坐稳了听我跟您慢慢解释。

唐太宗在职期间，高丽领土迅速扩张，眼瞅着就要到扩到自己家门口了，太宗实在看不下去，就发动了一场东征之战，但这场战争对于唐朝部队来说，天时地利人和都差那么点儿，但太宗却是一副不胜不归的架势。俗话说得好，不撞南墙不回头，最终唐朝20万精兵全军覆没，太宗无奈鸣金收兵。

据说烈士们的尸体，就被埋葬在眼前这片土地之下，坟地上建起了悯忠阁，以纪念这些忠君之士。从那时候起，京城多了一座悯忠寺，也就是眼前这座法源寺的前身。

隔世之缘：各朝代名人遗迹

佛家素来讲究缘分，不少隔朝隔代的帝王将相、名人雅士都在法源寺留下过遗迹，可谓有缘。往远了说，当年宋钦宗曾被关押于此，大金朝还把这儿当成进士考场，往近了说，法源寺观音殿内的横梁上，挂着康熙爷的墨宝——"存诚"匾额，据说是写给当时的法源寺住持的。大雄宝殿内梁上，

宋钦宗

悬挂乾隆爷的真迹"法海真源"，虽然乾隆爷处处留字，见多不怪，但这祖孙俩的题字匾额同时挂在法源寺里，还是那句话：缘分呐！另外这法源寺还是清末维新派康有为、谭嗣同等人的聚会地点，是"公车上

"法海真源"匾

书"和"戊戌变法"的起源之地。这样一算，今天咱们置身法源寺，也算是跟这些历史名人有着跨越百年的缘分了。

半真半假：元代酒瓮

石瓮

现在人喝酒论瓶，过去人喝酒论缸。大雄宝殿前有口玉瓮，就是元世祖忽必烈大宴群臣时盛酒用的。其实这口瓮算是半真半假，您看上边这部分是石制仿制品，真品是一件玉瓮，用整块巨大的墨玉雕就的，就在现在北海团城上边，叫"渎山大玉海"。明朝初期，玉瓮流失到了西华门外的真武庙，变成了道士的腌菜缸，直到清代乾隆年间，才把它安置在了北海的团城内，还特此建造一座玉瓮亭来保护它。但北海的那个玉瓮底座却是个仿制品，真的底座正在法源寺这儿托着假瓮呢。

"渎山大玉海"

镇寺之宝：木雕卧佛

法源寺藏经阁楼下有一尊木雕大卧佛。说起卧佛，北京人熟知的就是香山卧佛寺了，那里有元代的一尊铜铸大卧佛。而法源寺里的这座卧佛建于明代，是由民间募化雕造的大卧佛，长可十米，最早供奉在崇文区花市东街卧佛寺。二十

木雕卧佛

世纪五十年代末期，卧佛寺被街道玉雕厂占用，遂将卧佛移至西直门外的大慧寺。当时还请来了28尊天神雕像来陪衬，一度成为人们心目中非常向往的佛教寺院。几十年后，将大佛移供到法源寺藏经阁楼下时，大慧寺香火依旧很旺。这也说明这尊木雕卧佛的人气指数还是非常高的。所以说"寺不在久，有佛则名"。据说法源寺木雕卧佛是根

据释迦牟尼佛涅槃前的瞬间雕刻而成的，头尚未枕到手掌上，只相距5厘米，面部取佛祖双目微垂尚未闭合的一刹那间的神态。雕刻技艺之高超，令人叹为观止。这尊木雕卧佛已经绝

卧佛局部

版了，现存的这尊是唯一留存者，彰显出它不可替代的地位，不愧被称为镇寺之宝。

　　来法源寺转一圈，总体感觉只能用一个"多"字代替，您掰着手指头算算，这儿不光佛像多、古迹多，更是典故多、香客多、僧人多，更重要的是，既然是佛教图书博物馆，那佛教图书肯定也少不了。今儿个咱来不及一一介绍，先留点念想儿，赶明儿个您亲自来转悠转悠，就知道我这不是忽悠您了。

北京卫视
播出时间：每周二　21：35
BTV公共频道
播出时间：每周日　11：35

CULTURAL HERITAGE
文 物 普 查 需 要 您 的 关 注 与 支 持

北京市全国文物普查
期 待 您 提 供 更 多 文 物 线 索

北京市文物局

北京究竟有多少文物资源

《这里是北京》全程关注

北京市第三次全国文物普查

蔡元培在京遗迹

光环之下，生活之中的蔡元培才是最真实的。

今天我们就去大街小巷之中寻找一个真实的蔡元培先生。

宣南文化博物馆

您参观之后就会发现，这北京文化不仅是故宫太庙的文化，

也是天桥厂甸的文化，

这北京城是帝王将相的北京城，

同时也是咱平民百姓的北京城。

文物保护背后的故事之
北京工业遗迹调查（一）

文物保护工作背后的故事充满了悬念和期待，

可以说文物保护是一个与古人对话的过程，

这个过程有悬念，有惊喜，有困惑，也有争议。

蔡元培在京遗迹

光环之下，生活之中的蔡元培才是最真实的。今天我们就去大街小巷之中寻找一个真实的蔡元培先生。

蔡元培为人所熟知，大都是因为贡献巨大。然而无论是科学家、教育家还是民主革命家，光环之下，生活之中的蔡元培才是最真实的。今天我们就去大街小巷之中寻找一个真实的蔡元培先生。

● 蔡元培在京档案

姓　　名：蔡元培

籍　　贯：浙江绍兴，鲁迅先生的老乡。

出生日期：1868年1月11号

享　　年：72岁

受教育情况：17岁中秀才，22岁中举人，24岁中进士，1907年39岁时到德国留学，属于早期海归，后来多次到德、法考察学习。

职　　称：近代民主革命家、教育家、科学家等等。

婚姻状况：共结婚三次，始终保持一夫一妻。最后一个老婆比自己小24岁。

婚姻态度：尊重女权，倡导文明、开放。

领导评价：被毛泽东誉为学界泰斗、人生楷模。

皇道进京：正阳门

内九外七皇城四，说的是咱老北京的城门。正阳门，是内城九门之一，而且还是内城正门。明清时期，正阳门是皇帝出内城的专用通道。袁世凯就曾经特意开正

正阳门老照片

袁世凯

阳门箭楼城门，迎接蔡元培先生进京。当时是1912年2月，中华民国临时政府临时大总统孙中山，遵守诺言宣布让位给袁世凯，但要求民国首都设在南京，袁世凯必须去南京就职，随即派出蔡元培等五人，特意到北京来迎接袁世凯去南京，蔡元培等人到达北京后，袁世凯为了表示自己去南京就职的诚意，特命手下开启当年皇帝的专用通道——正阳门箭楼城门，迎接蔡元培等人进城。当时场面之隆重，态度之热情，令蔡元培等人对袁世凯赴南京就职充满了幻想。

避难之地：煤渣胡同东口(北京基督教教务委员会)

煤渣胡同地理位置图

袁世凯将蔡元培安排在距总统府只有一街之隔的东单北大街路西煤渣胡同内的招待所，这里原是清咸丰十一年建立的清军神机营衙门，清末改为培养高干子弟的贵胄法政学堂。老房子今天已经不存在了，但我们仍然能够辨认出它当初所在的位置。招待所原址位于胡同中

招待所旧址所在地

段，有六进院落，向北直到今天的金鱼胡同王府饭店。

北京市基督教教务委员会

蔡元培到北京第三天晚上，北京突然发生兵变，乱兵进城大肆掠夺，放火烧了离此不远的东安门，随即到煤渣胡同示威，扬言反对袁世凯去南京就职。蔡元培等人连夜前往煤渣胡同东口美国人办的中华圣经会避难。中华圣经会旧址至今还在煤渣胡同东口，现在是北京市基督教教务委员会。兵变过后，蔡元培写信给孙中山，说明北京局势混乱，袁世凯因此不能离京，申请在北京就职。最终袁世凯成功在北京就任临时大总统。至今我们无法确定，当时的蔡元培是否意识到了那场兵变是袁世凯自导自演的一场阴谋，不过事已如此，即便明白过来，也只能打掉牙往肚子里吞了。后来蔡元培因为不满袁世凯的专政，干脆一赌气到国外考察留学去了。

工作地点：北大红楼

北大红楼地理位置图

1916年蔡元培应邀回国出任北京大学校长，办公地点就在今天东城区五四大街29号，人们习惯称这里为北大红楼。所谓"北大红楼"就是沙滩北街北京大学文学院旧址。这里原来是京师大学堂的建筑遗存，1918年6月，北京大学跟一家外企借钱在此建成红楼，原计划作为北京大学的学生宿舍，后来改作当时的校部、图书馆和文科教室，组成了文学院。因

北京大学文学院旧址

为楼房的建筑主体是用红砖建成，所以被称为"红楼"，毛泽东青年时期就曾在红楼一层图书馆工作。蔡元培担任校长期间，聘用陈独秀、李大钊、胡适、鲁迅等人陆续到北大执教，由于北京大学当时举足轻重的地位和蔡元培先生"学术自由、兼容并包"的办学方针，北京大学一开始就成为新文化运动的中心。现在的新文化运动纪念馆就是在北大红楼的基础上建立起来的。其实想来，北京大学在蔡元培担任校长前后，历届校长都不是等闲之辈，但至今提起北大校长，蹦出来的第一个名字总是蔡元培。蔡元培成为了北大的灵魂，而北大可以说是蔡元培最重要的一个人生坐标了。

支持偷听生：中老胡同、西老胡同(东城区景山街道)

中老胡同

老北京东城区沙滩一带有三条胡同，分别叫做东老胡同、中老胡同和西老胡同。现在中老和西老胡同还在，属于景山街道。当年很多年轻人在这一带租房子。现在的学生都是因为嫌宿舍条件不好，或者想要个人空间，甚至是为了谈恋爱方便，才在学校周围自己租房住，但当年的那些年轻人可没那么潇洒，他们都不是北大的学生，住在这儿只是为了方便到北大课堂去偷听。这些学生听课时刻准备着被轰出教室，蔡元培得知这种情况以后，提出了开门教学的方针，从此这些偷听生终于可以堂而皇之地走进北大红楼了。可以说蔡元培一手造就了沙滩这片儿北京城里最好的学习社区，不光租房便宜，周围馆子还挺多，吃饭物美价廉，最主要的还是离北大近，听课方便。

家庭住址：东堂子胡同75号

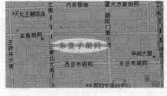
东堂子胡同地理位置图

蔡元培在北大上班的时候，家就在东堂子胡同75号。蔡元培被人们称为学界泰斗，官职也不低，但他生活非常简朴，就是喜欢喝酒。据说蔡校长每顿饭都得来二两绍兴老酒，后来出国都没有改变这个习惯。想想他当年在国外留学考察的时候满处找绍兴酒喝，也够难为蔡校长了。这是租住的房子当年是东西各三进院的大宅门，后来分成了两个院子。蔡元培住过的几间房又接出来几间小房，但结构总算没大动，现为十几户居民住的大杂院。1984年它被公布为区级文物保护单位，2000年，东堂子胡同西口拆迁改造，此宅经政协委员建议保留了下来。

东堂子蔡元培故居

人过留名：孑民堂

俗话说雁过留声，人过留名。蔡元培先生1940年在香港逝世，他的名字永远留在了东城区北河沿大街甲83号的孑民堂。1947年，北京大学师生将北京大学旧图书馆特辟为纪念堂，以纪念蔡元培先生。因为蔡元培先生号孑民，因此取名孑民纪念堂，俗称孑民堂。孑民堂是一座典型的清代北京四合院，原来是清乾隆年间大学士傅恒宅邸中的一个院落，这里现在成了文化部的办公场所。

孑民堂

我们今天谈论蔡元培先生，因为敬仰，也因为怀念。这位当年被光绪亲点翰林却最终加入同盟会，仕途光明却最终弃官从教的蔡先生，在思想上，在教育上，甚至在中国历史上，给我们带来了太多的惊喜，真不知道蔡校长如果生在当前，对眼下的教育又有怎样的独特见解，说不定也会有令我们拍手称快的惊人之举呢。

北河沿大街地理位置图

北京卫视
播 出 时 间：每周二　21：35
BTV公共频道
播 出 时 间：每周日　11：35

宣南文化博物馆

您参观之后就会发现，这北京文化不仅是故宫太庙的文化，也是天桥厂甸的文化，这北京城是帝王将相的北京城，同时也是咱平民百姓的北京城。

说到宣南，先给您作个名词解释，所谓宣南是指宣武门以南、前门以西这一带。为了让您更好地了解宣区的文化特点，前一阵宣武区人民政府特意建立了一博物馆，让您只需花一个小时就能了解北京南城历史文化。

促销手段：崔八儿蹭油

位于宣武区长椿街的宣南文化博物馆，地方虽然不大，但这八个展厅足以让您了解咱北京早年间的民俗习惯。您看这人，猜猜他是干什么的，其实这人是崔八儿，他干的事，据说是当时宣南最流行的一个行当——卖去油皂的。

宣南文化博物馆

干这行的得豁得出去、拉得下脸，只要瞅准了穿戴体面、有点身价的，拉着他就不能撒手。先做免费试用，不过这免费试用可是要体验者有所付出。先得把衣服蹭上油，然后崔八儿再用油皂给您去油。如今好多商场都有

蹭油的崔八儿

216

类似的促销手段，不过都讲究文明服务了，谁要还跟崔八儿一样强买强卖故意蹭人一身油，您可是有投诉的权利了。

蹭油的崔八儿只是天桥八大怪中的一位，在这城南乐园展厅里，还

有七位怪癖的仁兄在这儿等着您：滑稽戏曲小云里飞、退伍下岗卖药的、真人秀赛活驴、江湖大夫卖大力丸等等，其实他们都是老北京早年间天桥卖艺杂耍的江湖艺人。

城南乐园展厅

暂住登记：清朝学者名人录

宣南地儿不大，名人可是不少。您要是能耐着性子数一数宣南的会馆、名人故居到底有多少，来诗人文化展厅准没错。

诗人文化是宣南雅文化的精髓，宣南的诗人文化也是由许多名人构筑起来的文化，《四库全书》的编纂

网罗了清代学术界几乎所有的精英，纪晓岚就是他们当中的杰出代表。宣南的名人还远不止大家了解的纪晓岚这些人。在这里博物馆展出了从清初的顾炎武到清末的梁启超，一共是六十六位在北京居住或生活过的清代著名学者的历史文化。

诗人文化展厅

闹了半天，这满墙写的都是当年外来进京的暂住人员登记。据统计，北京百分之七十的会馆都坐落在宣南地区，主要是因为明清赶考的举人都是从卢沟桥方向进京，经过广安门内大街老远来的，总得找个落脚之处啊。又有云"独在异乡为异客"，老乡见老乡，这会儿就剩下两眼泪汪汪的份儿了。于是同籍贯的举人们吃住扎堆，就慢慢形成了各地方的会馆。所以当时在北京城里，除了紫禁城就数这儿地皮热了。

提前实现现代化：铁皮保险箱

这年头保险箱谁都见过，不光防盗，连防弹的都不新鲜了。但这在早年间可是个新鲜物件。这台铁质保险箱是瑞蚨祥开放搞活以后引进

铁皮保险箱

的第一批洋货。别看这么大个，里面只放零钱、散钱，大件都不往里放，充其量也就是个存钱罐。您琢磨琢磨，这瑞蚨祥每天营业的流水，光零钱就得拿箱子装，您说那大票得点多少，咱就可想而知了。

还有这台西门子牌的电风扇，传说当年皇上还用人扇风的时候，瑞蚨祥早就用上这台现代化电器了。瑞蚨祥之所以能那么早与国际接轨，享受现代化带来的便捷，全凭着信誉二字，要不人家百年老号怎么能撑到现在呢。

电风扇

以人为本：下洼子门

前一阵子热播的《大宅门》的原型您肯定不陌生，说的就是乐家

百年清商展厅

药铺同仁堂。这回在百年清商展厅中，还专门给它腾出个地方。同仁堂是百年老号，经商之道自不用说，那卖的是信得过产品，不仅如此，人家在店铺的建筑形式上都倡导人性化。

同仁堂老店采取进门下台阶的一种建筑形式，咱北京也俗称下洼子门。它主要是寓意病人在生病的时候来同仁堂，心情是非常沉重的，一步一步往下走，但是买了同仁堂的药，再转身往回走的时候，心情就

乐家药铺

越来越轻松，一步一步往上走。您看看连个门槛儿都设计得有礼有节，透着咱北京人的讲究。在这儿，您还能看到《大宅门》中二奶奶的原型许叶芬的真人照片。现如今，两口子过日子，女人当家的不在少数，但在过去做女人难，做当家的女人更难。许叶芬能当得了同仁堂这么个大家，可谓是难上加难了。

话说到这儿，我只给您介绍了八个展厅中的一部分，这可是您了解宣武区的第一站，也是了解北京城的必修课。您参观之后就会发现，这北京文化不仅是故宫太庙的文化，也是天桥厂甸的

同仁堂

文化，这北京城是帝王将相的北京城，同时也是咱平民百姓的北京城。

这里是北京

北 京 卫 视
播 出 时 间：每周二　21：35
BTV公共频道
播 出 时 间：每周日　11：35

文物保护背后的故事
之北京工业遗迹调查（一）

文物保护工作背后的故事充满了悬念和期待，可以说文物保护是一个与古人对话的过程，这个过程有悬念，有惊喜，有困惑，也有争议。

首都博物馆

文物保护的具体内涵，也许对有些人来说并不十分清楚，还有些人呢，觉得文物保护跟"不能随地吐痰"、"公共场所禁止吸烟"之类的行为准则差不多。这种理解没错，但过于浅显了。其实文物保护工作背后的故事充满了悬念和期待，可以说文物保护是一个与古人对话的过程，这个过程有悬念，有惊喜，有困惑，也有争议。从今天开始，咱们就深入北京的各大文物保护现场，听我给您讲讲文物保护背后的故事。

2006年春夏之交，首都博物馆征集部召开了一次特殊的会议。会议讨论的话题，源自几个月前一场特殊的捐赠。

火柴厂捐赠工作版

首都博物馆征集部成立于2001年，当时的办公地点，还在东城区国子监街的孔庙里，相对于今天长安街畔的首博新馆而言，我们习惯称之为"老首博"。

征集部成立的最初目的，是为了给新的首都博物馆征集展陈文物，那时候他们打交道最多的，大都是几百年前的历史遗存。

孔庙

● 采访王武钰（首都博物馆副馆长）

近代文物太少了，于是2005年开始征集近代文物。

今天我们在首都博物馆历史文化展厅看到的近代文物，相当一部分是在新首博筹备期间征集而来的。

近代文物展厅

2006年，恰逢建厂一百周年的丹凤火柴厂，几乎将全部家当，一万四千多件文物捐赠给了首都博物馆。正是这次捐赠，让征集部主任王春诚产生了一个特别的想法。

● 采访王春诚（首都博物馆征集部主任）

"工业遗迹调查"，我乍一听这词，坦白地讲，觉得挺没意思的。而征集部的大多数人都是研究考古发掘、文物鉴赏的，让他们去跟这些冷冰冰的工业遗迹打交道，确实是强人所难。还有更难听的话，说他们这是"不务正业"，于是才出现了争论。但是就在争论的过程中，有人说出了一句话，大伙儿立马意识到了这项调查工作的意义，什么话有这么大的作用呢？

随着北京城市的发展，二十世纪遗产保护已经引起社会各界的广泛关

首钢一景

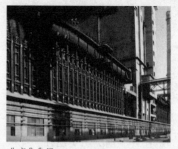
北京焦化厂

注。北京焦化厂、首钢公司等一批老北京的工业符号，正在逐渐退出北京人的视野。这些在我们身边发生的事儿，今天看来无关紧要，但是对于后人来讲，今天的一切都是明天的历史，而真正引起大家共鸣的，就是八个字："为了明天，收藏今天"。

2007年1月，为了配合做好全国第三次文物普查，首都博物馆联合北京各大媒体，正式举行了"北京工业遗址调查"启动仪式。这是全国首次专门针对工业遗迹展开的专题调研。然而对于这样一项陌生的工作，首博征集部的工作人员都没有任何经验。

首博征集部的工业遗迹调查工作，正是从深入丹凤火柴厂调查开

录音带

始的。在咱们以往的印象里，博物馆向来以征集实物为主，但是您听说过收集声音的吗？这些录音带，记录的正是丹凤火柴厂老工人口述历史的声音。

如今多少人为了寻找一百年前的历史遗迹而四处奔走。如果再过一百年，今天这些资料对于后人来讲将会有多大的价值，可想而知。

你瞧这铁皮箱子，知道是干什么用的吗？这就是丹凤火柴厂用来存放工人工资的保险箱，到现在已经有将近一百年的历史了。如果说这样一个铁箱子能保留至今不算新鲜的话，还有一样东西的出现，让征集部的工作人员都感到异常兴奋——会计还有这个保险

保险箱

箱的钥匙。

除了丹凤火柴厂之外，首都博物馆
征集部先后征集到了1909年修筑的京张铁
路铁轨、北京第一机床厂的医疗证、操作
证、厂刊、工人制服、北京制呢厂当年从

京张铁路一段路轨

比利时进口的搓呢机等工业文物。2007年1月，《工人日报》曾经发表
社评，提出"保护工业遗迹，等于保护工人阶级的历史"。

医疗证　　　　　　　操作证　　　　　　工人制服　　　　　搓呢机

在丹凤火柴厂之后，咱们栏目编导随着首博征集部的工作人员，
又先后走访了门头沟煤矿、官厅煤矿、首钢、焦化厂、京张铁路沿线等
工业遗址，调查的最初目的，仅仅是调查、记录而已，但让人意外的
是，通过社会各界的共同努力，竟然使一座老厂房免遭拆迁的厄运，完
整地保留了下来。这就是北京焦
化厂。

2006年7月15日，为北京市民
提供煤气长达半个多世纪的北京
焦化厂，为满足环保需求而全面
停产，迁建到唐山，这意味着北
京市民彻底结束煤气时代。然而
尽管搬迁工作进行得很顺利，但

焦化厂原址上的老厂房

京西煤矿

令很多人奇怪的是，矗立在焦化厂原址上的
老厂房却迟迟没有拆除。这又是为什么呢?
因为大伙儿都有一个共同的期待。

在北京市人大十届五次会议上，有人
大代表强烈呼吁，北京应尽快建立工业遗

产保护制度，希望包括北京焦化厂、首钢公司、京西煤矿等在内的，具有时代特征的老工业遗产能尽快得到妥善保护和处理。而这位提出议案的人大代表，正是首都博物馆的馆长韩勇。

目前北京市焦化厂的标志性建筑，仍然矗立在原址上，市政府计划把这块地方改建成工业遗址公园，作为北京市现代工业发展的一个体现，也是北京市为环保事业发展所做贡献的一个见证。而首都博物馆的工业遗址调查工作，也在顺利地进行着。

焦化厂标志建筑

北京卫视
播出时间：每周二 21:35
BTV公共频道
播出时间：每周日 11:35

跋

　　很高兴再次为《这里是北京》作跋，这说明他们兑现了对观众的承诺，丛书按部就班的出版，不曾间断。

　　今天的《这里是北京》跟昔日相比，已经有了很大的变化。虽然仍是一贯的"京腔京韵"，但文案在进步，主持人在进步，节目包装在进步，选题领域更是在不断拓展。

　　通过与《这里是北京》的主创多次交流，我看到他们把"节目重在策划"真正落在实处。虽然一档五十分钟的周播节目，在北京卫视的众多品牌节目中，犹如沧海一粟，但是《这里是北京》的每一分钟背后，都有一个漫长而又精心的策划过程。

　　对于一档电视节目而言，能够持续地坚持系列化操作，并且适时推出全新系列，并非易事。相信很多观众提起《这里是北京》，都会和我一样，能如数家珍地列举出那些让人印象深刻的系列节目——博物馆宝典、北京记忆、北京发现、重访盛事北京城、文物修缮背后的故事、寻找京城手艺传人等等。不难看出，主创们在策划节目的过程中，考虑的不仅是一期两期节目，而是如何培养观众的收视习惯，实现整个栏目的可持续发展。与此同时，正是这种策划充分的系列化操作模式，为《这里是北京》丛书的出版提供了可能性，这就是"科学发展观"的一种实践。

　　细心的观众不难发现，近年来《这里是北京》的镜头，已经走出了北京的城区，延伸到燕赵大地，甚至触及全国各个角落，搜寻北京文化对中国文化的辐射与影响。这至少可以说明两个问题。

　　其一：《这里是北京》真正理解了北京卫视关于"文化品位，大家风范"的定位。北京文化不是狭隘的地域文化，不仅是巷陌民风亦或宫廷遗事。北京文化在中国文化中起到了至关重要的作用，同时占据着不可取代的地位。我们曾经站在北京看北京，但更需要走出北京看北京，换个角度，视野才能够更宽阔。

　　其二：《这里是北京》选题范围的扩展，是"科学发展观"的具体体现。任何资源都并非用之不竭，只有不断地吐故纳新、拓展领域，才能够实现可持续健康发展。

　　不仅如此，从节目形式上看，《这里是北京》也在学习中西方各种新颖的节目制作手法，试图将诸多生动元素融入专题片的制作当中，相信观众们已经有目共睹。

　　总之，我们看到了《这里是北京》的努力与进步，看到了主创们为满足观众，所做的一切努力。希望有朝一日，《这里是北京》不再是半年出版一册的书籍，而是月月可见的杂志刊物。当满汉全席变成家常便饭，我们的饮食水平，才算是真正提高到了一个新的水平。当然，前提是节目要不停地做下去，书才能不断地写出来。

北京电视台总编辑

图书在版编目（CIP）数据

这里是北京. 第5辑/李欣主编. －北京：华艺出版社，
2009.1

ISBN 978-7-80252-150-6

Ⅰ.这… Ⅱ.李… Ⅲ.北京市－概况 Ⅳ.K921

中国版本图书馆CIP数据核字（2009）第008382号

这里是北京（5）

主　　编	李　欣
责任编辑	黑　薇　刘　方
装帧设计	轩　子
出　　版	华艺出版社
社　　址	北京市海淀区北四环中路229号
电　　话	(010)82885151
传　　真	(010)82884314
经　　销	新华书店
印　　刷	北京天正元印务有限公司
开　　本	1/16
字　　数	200千字
印　　张	14.75印张
版　　次	2009年4月第1版
印　　次	2009年4月第1次印刷
书　　号	ISBN 978-7-80252-150-6/Z·535
定　　价	36.00元